中国工程院重大咨询研究项目
我国煤矿安全及废弃矿井资源开发利用战略研究

袁　亮　主编

第4卷

废弃矿井煤及可再生能源
开发利用战略研究

凌　文　李全生　李瑞峰　梁　杰　聂立功 等　著

科学出版社
北　京

内 容 简 介

本书是中国工程院2017年重大咨询研究项目“我国煤矿安全及废弃矿井资源开发利用战略研究”课题3“废弃矿井煤及可再生能源开发利用战略研究”的研究成果。本书针对废弃矿井煤及可再生能源开发利用面临的问题与挑战，梳理了我国废弃矿井煤炭气化及可再生能源开发利用现状与存在的问题，分析了国外的典型案例与经验启示，评价了我国废弃矿井煤炭气化及可再生能源开发利用前景，提出了战略目标、重点任务及政策建议，对充分利用煤炭资源、促进可再生能源发展和能源结构调整具有重要意义。

本书可为政府部门、煤炭企业、科研机构等主要从事煤炭研究与管理的人员提供参考，也可供大专院校相关专业师生及其他对煤炭行业感兴趣的社会公众阅读。

审图号：GS（2019）5239号

图书在版编目（CIP）数据

废弃矿井煤及可再生能源开发利用战略研究/凌文等著. —北京：科学出版社，2020.9

（我国煤矿安全及废弃矿井资源开发利用战略研究/袁亮主编；4）

中国工程院重大咨询研究项目

ISBN 978-7-03-066172-2

Ⅰ. ①废… Ⅱ. ①凌… Ⅲ. ①煤炭资源–再生能源–能源开发–研究 ②煤炭资源–再生能源–能源利用–研究 Ⅳ. ①F426.21 ②TK01

中国版本图书馆CIP数据核字（2020）第177005号

责任编辑：刘翠娜 赵 晶 / 责任校对：王萌萌
责任印制：徐晓晨 / 封面设计：蓝正设计

科学出版社出版
北京东黄城根北街16号
邮政编码：100717
http://www.sciencep.com

北京建宏印刷有限公司印刷
科学出版社发行 各地新华书店经销
*

2020年9月第 一 版 开本：787×1092 1/16
2021年1月第二次印刷 印张：9 1/2
字数：200 000

定价：240.00元

中国工程院重大咨询研究项目

我国煤矿安全及废弃矿井资源开发利用战略研究

项目顾问 李晓红　谢克昌　赵宪庚　张玉卓　黄其励
苏义脑　宋振骐　何多慧　罗平亚　钱鸣高
薛禹胜　邱爱慈　周世宁　陈森玉　顾金才
张铁岗　陈念念　袁士义　李立浧　马永生
王　安　于俊崇　岳光溪　周守为　孙龙德
蔡美峰　陈　勇　顾大钊　李根生　金智新
王双明　王国法

项目负责人 袁　亮

课题负责人

课题 1	我国煤矿安全生产工程科技战略研究	袁　亮　康红普
课题 2	国内外废弃矿井资源开发利用现状研究	刘炯天
课题 3	废弃矿井煤及可再生能源开发利用战略研究	凌　文
课题 4	废弃矿井地下空间开发利用战略研究	赵文智
课题 5	废弃矿井水及非常规天然气开发利用战略研究	武　强
课题 6	废弃矿井生态开发及工业旅游战略研究	彭苏萍
课题 7	抚顺露天煤矿资源综合开发利用战略研究	袁　亮
课题 8	项目战略建议	袁　亮

本书研究和撰写人员

课题负责人

凌文　中国工程院院士

专题一　废弃矿井煤气化开发利用战略与工程科技研究

组长： 梁　杰

成员： 王　喆　李玉龙　王　雨　荆　恬　赵　雪
马高峰　马国帅　王皓正　陈晨晨　单佩金
孙　蕊　王潇颖　白　煜

专题二　废弃矿井可再生能源开发利用战略与工程科技研究

组长： 李瑞峰　聂立功

成员： 蒋文化　高　辉　赵　剑　刘文革　张广军
苏志国　马丽群　韩甲业　徐　鑫　孙海林
滕霄云　任仰辉　李　春　洪　巍　黄文杰

专题三　废弃矿井煤及可再生能源开发利用政策建议

组长： 李全生

成员： 于志永　张　凯　杨英明　方　杰　沈亚东
于瑞雪　赵龙生　鲁怡琼

丛书序一

煤炭是我国能源工业的基础，在未来相当长时期内，煤炭在我国一次能源供应保障中的主体地位不会改变。习近平总书记指出，在发展新能源、可再生能源的同时，还要做好煤炭这篇文章①。随着我国社会经济的快速发展和煤炭资源的持续开发，部分矿井已到达其生命周期，也有部分矿井不符合安全生产要求，或开采成本过高而亏损严重，正面临关闭或废弃。预计到2030年，我国关闭/废弃矿井将达到1.5万处。直接关闭或废弃此类矿井不仅会造成资源的巨大浪费和国有资产流失，还有可能诱发后续的安全、环境等问题。据调查，目前我国已关闭/废弃矿井中赋存煤炭资源量就高达420亿吨、非常规天然气近5000亿立方米、地下空间资源约为72亿立方米，并且还具有丰富的矿井水资源、地热资源、旅游资源等。以美国、加拿大、德国为代表的欧美国家，在废弃矿井储能及空间利用等方面开展了大量研究工作，并已成功应用于工程实践，而我国对于关闭/废弃矿井资源开发利用的研究起步较晚、基础理论研究薄弱、关键技术不成熟，开发利用程度远低于国外。因此，开展我国煤矿安全及废弃矿井资源开发利用研究迫在眉睫，且对于减少资源浪费、变废为宝具有重大的战略研究意义，同时可为关闭/废弃矿井企业提供一条转型脱困和可持续发展的战略路径，对于推动资源枯竭型城市转型发展具有十分重要的经济意义和政治意义。

中国工程院作为我国工程科学技术界最高荣誉性、咨询性学术机构，深入贯彻落实党中央和国务院的战略部署，针对我国煤矿安全及废弃矿井资源开发利用面临的问题与挑战，及时组织三十余位院士和上百名专家于2017～2019年开展了“我国煤矿安全及废弃矿井资源开发利用战略研究”重大咨询研究项目。项目负责人袁亮院士带领项目组成员开展了系统性的深入研究，系统调研了国内外煤矿安全及废弃矿井资源开发利用现状，足迹遍布国内外主要关闭/废弃矿井；归纳总结了国内外关闭/废弃矿井资源开发利

① 中国共产党新闻网. 谢克昌：“乌金”产业绿色转型. (2016-01-18) [2020-05-30]. http://theory.people.com.cn/n1/2016/0118/c40531-28063101.html.

用的主要途径和模式；根据我国煤矿安全发展面临的新挑战和不同废弃矿井资源禀赋条件下进行开发利用所面临的制约因素，从科技创新、产业管理等方面，提出了我国煤矿安全及废弃矿井资源开发利用的战略路径和政策建议。该项目凝聚了众多院士和专家的集体智慧，研究成果将为政府相关规划、政策制订和重大决策提供支持，具有深远的意义。

在此对各位院士和专家在项目研究过程中严谨的学术作风致以崇高的敬意，衷心感谢他们为国家能源发展付出的辛勤劳动。

李晓红

中国工程院　院长

2020年6月

丛 书 序 二

煤炭是我国的主导能源，长期以来为我国经济发展和社会进步做出了重要贡献。我国资源赋存的基本特点是贫油、少气、相对富煤，煤炭的主体能源地位相当长一段时期内无法改变，仍将长期担负国家能源安全、经济持续健康发展重任。随着我国煤炭资源的持续开发，很多煤矿正面临关闭或废弃，预计到 2030 年，我国关闭/废弃矿井将到达 1.5 万处。这些关闭/废弃矿井仍赋存着多种、巨量的可利用资源，运用合理手段对其进行开发利用具有重大意义。但目前我国煤炭企业的关闭/废弃矿井资源再利用意识相对淡薄，大量矿井直接关闭或废弃，这不仅造成了资源的巨大浪费，还有可能诱发后续的安全、环境等问题。

我国关闭/废弃矿井资源开发利用存在极大挑战：首先，我国阶段性废弃矿井数量多，且煤矿地质条件极其复杂，难以照搬国外利用模式；其次，在国家层面，我国目前尚缺少废弃矿井资源开发利用整体战略；最后，我国关闭/废弃矿井资源开发利用基础理论研究薄弱、关键技术还不成熟。

目前，我国关闭/废弃矿井资源有两类开发利用模式：一类是储气库，利用关闭盐矿矿井建设地下储气库是目前比较成熟的模式，如金坛地区成功改造 3 口关闭老腔，形成近 5000 万立方米的工作气量。另一类是矿山地质公园，当前全国有超过 50 余处国家矿山公园。可见我国对关闭/废弃矿井资源开发利用的研究正在不断取得突破，但是整体处于试验阶段，仍有待深入研究。

我国政府高度关注煤矿安全和关闭/废弃矿井资源开发利用。十八大以来，习近平总书记多次强调要加强安全生产监管，分区分类加强安全监管执法，强化企业主体责任落实，牢牢守住安全生产底线，切实维护人民群众生命财产安全①。2017 年 12 月，习近平总书记考察徐州采煤塌陷地整治工程，指出"资源枯竭地区经济转型发展是一篇大文章，实践证明这篇文章完全可以做好"②。2018 年 9 月，习近平总书记来到抚顺矿业集团西露天矿，了解采煤沉

① 新华网. 习近平对安全生产作出重要指示强调 树牢安全发展理念 加强安全生产监管 切实维护人民群众生命财产安全. (2020-04-10) [2020-05-10]. http://www.xinhuanet.com/2020-04/10/c_1125837983.htm.

② 新华网. 城市重生的徐州逻辑——资源枯竭城市的转型之道. (2019-04-19) [2020-05-10]. http://www.xinhuanet.com/politics/2019-04/19/c_1124390726.htm.

陷区综合治理情况和矿坑综合改造利用打算时强调，开展采煤沉陷区综合治理，要本着科学的态度和精神，搞好评估论证，做好整合利用这篇大文章①。

为了深入贯彻落实党中央和国务院的战略部署，中国工程院于 2017～2019 年开展了“我国煤矿安全及废弃矿井资源开发利用战略研究”重大咨询研究项目。项目研究提出：首先，我国应把关闭/废弃矿井资源开发利用作为“能源革命”的重要支撑，推动储能及多能互补开发利用，开展军民融合合作，研究国防及相关资源利用，盘活国有资产。其次，政府尽快制定关闭/废弃矿井资源开发利用中长期规划，健全关闭/废弃矿井资源治理机制，由国家有关部门牵头，统筹做好关闭/废弃矿井资源开发利用顶层设计，建立关闭/废弃矿井资源综合协调管理机构，开展示范矿井建设，加大资金项目和财税支持力度，为关闭/废弃矿井资源开发利用营造良好发展生态。最后，还应加大关闭/废弃矿井资源开发利用国家科研项目支持力度，支持地下空间国际前沿原位测试等领域基础研究，将关闭/废弃矿井资源开发利用关键性技术攻关项目列入国家重点研发计划、能源技术重点创新领域和重点创新方向，促进国家级科研平台建立，培养高素质人才队伍，突破关键核心技术，提升关闭/废弃矿井资源开发利用科技支撑能力，助力蓝天、碧水、净土保卫战。

开展我国煤矿安全及废弃矿井资源开发利用战略研究，不仅能够构建煤矿安全保障体系，提高我国关闭/废弃矿井资源开发利用效率，而且可为我国关闭/废弃矿井企业提供一条转型脱困和可持续发展的战略路径，对于提高我国煤矿安全水平、促进能源结构调整、保障国家能源安全和经济持续健康发展具有重大意义。

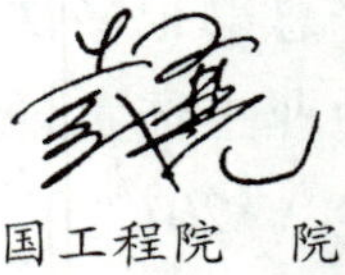

中国工程院　院士

2020 年 5 月

① 人民网. 抚顺西露天矿综合治理与整合利用总体思路和可研报告评估论证会在京举行. (2020-05-29) [2020-05-29]. http://ln.people.com.cn/n2/2020/0529/c378318-34051917.html.

前　　言

随着我国煤炭供给侧改革的深入，煤炭淘汰落后产能工作的持续推进，加之华东、东北部分矿井资源逐步枯竭，废弃煤矿数量将逐步增加。然而，废弃矿井地下仍有大量的煤炭资源和地热资源，地面也有丰富的土地资源、太阳能等可再生资源。废弃矿井资源综合开发利用是我国面临的新课题。德国、英国等发达国家开展了大量探索研究，但仍未形成可供推广的成熟模式，我国煤矿条件复杂、废弃矿井数量较多，同时考虑能源结构、技术水平、产业政策等自身特点，难以照搬国外模式。因此，开展我国废弃矿井煤及可再生能源开发利用战略研究，有利于为煤炭行业，特别是为关闭矿井的企业提供一条转型脱困的战略路径，其对充分利用煤炭资源、促进可再生能源发展和能源结构调整具有重要意义。

经过两年多的调研及论证，结合行业专家意见，课题组完成了书稿，本书共分为四章。

第一章为绪论。本章主要介绍了废弃矿井煤及可再生能源开发利用的研究背景、研究范围、研究内容及研究思路。本书所研究的废弃矿井主要指废弃或关闭退出的井工煤矿和露天煤矿(在调研国外现状时，适当借鉴非煤矿山)，特别是未来增量的废弃矿井(聚焦大型矿井)。所研究的废弃矿井可再生能源主要为太阳能和地热能。此外，对利用富裕的可再生能源和废弃矿井地下空间或矿坑发展抽水蓄能等多能互补利用方式也进行了探讨。

第二章为废弃矿井煤气化开发利用战略与工程科技研究。本章主要由中国矿业大学(北京)完成。该部分内容对废弃矿井煤炭地下气化特征进行了分析，调研了煤炭地下气化技术的进展及现状；总结了我国矿井遗弃煤炭资源地下气化工业性试验实例，提出了废弃矿井煤地下气化工程科技问题及研发内容、研发思路；对我国废弃矿井煤炭资源进行了调研和评价，分析了我国废弃矿井煤地下气化的前景，提出了我国废弃矿井煤炭资源地下气化开发利用战略。

第三章为废弃矿井可再生能源开发利用战略与工程科技研究。本章主要由国家能源技术经济研究院、国华能源投资有限公司、中国节能减排有限公司、应急管理部信息研究院完成。通过案例调研，总结分析了我国废弃矿井太阳能、地热能等可再生能源开发利用的模式及相关的地下空间储能技术发展情况，从技术、政策、经济性等角度梳理分析了我国废弃矿井太阳能、地热能等可再生能源开发利用中存在的主要问题，并进行了典型案例分析；梳理了国外废弃矿井太阳能、地热能等可再生能源开发利用及相关地下空间储能技术的发展现状，并在对典型案例分析的基础上，提出对我国废弃矿井可再生能源开发利用的主要经验启示；以十九大精神为引领，结合我国能源革命和供给侧改革，在分析废弃矿井可再生能源开发利用潜力的基础上，提出了我国废弃矿井可再生能源开发利用的战略目标（2020 年、2035 年、2050 年）、重点任务等。

第四章为废弃矿井煤及可再生能源开发利用政策建议。本章主要由国家能源集团、国家能源技术经济研究院、中国矿业大学（北京）、煤炭开采水资源保护与利用国家重点实验室等单位完成。在第二章和第三章研究的基础上，本章提出了我国废弃矿井煤炭地下气化、可再生能源开发利用的政策建议。

废弃矿井煤及可再生能源开发利用战略研究属煤炭行业的新生课题，且目前尚无全国范围内的废弃矿井及相关的资源统计数据，因此本书结论难免有局限，也难免有疏漏、偏颇，敬请批评、指正。

编　者

2019 年 12 月

目　录

第一章

绪　论

一、研究背景

(一)煤炭供给侧改革逐步深入，废弃矿井利用问题突出

近年来，废弃矿井数量日益增多，由于淘汰煤炭落后产能及部分老矿井资源枯竭，一批矿井将逐步关闭。2015～2017 年，累计关闭退出煤矿约 4000 处，加上华东、东北部分矿井资源枯竭，预计将有更多煤矿关闭退出。

废弃矿井具有较大的开发利用价值，据预测，我国废弃矿井中煤炭资源量约 420 亿 t，煤炭开采后形成了大面积地表塌陷区，因地制宜发展风能、太阳能等，可以解决我国采煤沉陷区土地资源大量闲置的问题，而且对于矿区生态环境的治理具有积极意义，同时可以将废弃矿井周边闲置的变电站、输电管网等公用工程和电力设备设施进行有效利用，提高资源的利用效率。

据国家能源局(2016 年)统计，我国井工煤矿平均开采深度接近 500m，开采深度超过 800m 的矿井达到 200 余处，千米深井近 50 处，并且每年以 8～12m 的速度增加，其位于浅层地热(＜200m)和深层地热(＞4000m)中间，有着丰富的地热资源。我国废弃矿井主要集中在中东部、东北部和西南部，废弃矿井的地热资源的开发利用具有较大潜力。有效地利用废弃矿井资源，实现地热能的开发，具有重大的现实意义和深远的历史意义。

(二)废弃矿井煤气化

废弃矿井煤气化是指将废弃矿井中的煤炭进行有控制的燃烧，实现原位气化。废弃矿井煤炭资源井工复采技术难度较大，安全性较差，在经济上也不合理，因此必须探索新的回收技术，煤炭地下气化(underground coal gasification，UCG)技术则是一条可行的技术路线。依托老矿井巨大的资源进行煤炭地下气化工作，变产煤为产气，这不仅能够减少煤炭资源浪费、变废为宝，提高老矿井煤炭资源开发利用效率，也能够为去产能煤矿企业提供一条转型脱困和可持续发展的战略路径，推动资源枯竭型城市转型发展，其对保障国家能源安全、经济持续健康发展具有重大意义。

(三)废弃矿井可再生能源开发利用市场潜力大且具备技术基础

近年来，我国可再生能源快速发展。国家统计局(2018 年)数据显示，2017 年全国一次能源生产总量 35.86 亿 tce，其中年原煤产量 34.5 亿 t(24.6 亿 tce)，

原油产量 1.9 亿 t(2.7 亿 tce)，天然气产量 1474.2 亿 m^3(1.96 亿 tce)，水电、核电、风电发电量 17485 亿 kW·h(6.6 亿 tce)，不同能源品种的增长势头分化明显(图 1-1)。

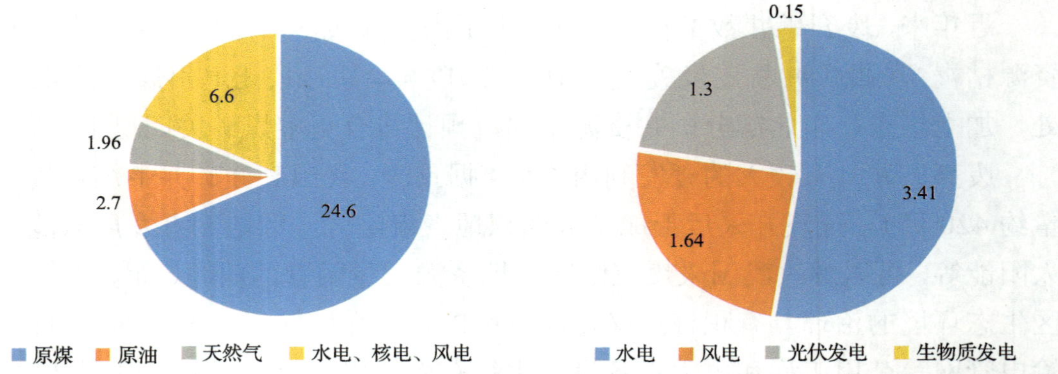

(a) 2017年我国能源结构(单位：亿tce)　　(b) 2017年我国可再生能源发电装机量(单位：亿kW)

图 1-1　2017 年我国能源结构和可再生能源发电装机量

国家能源局(2018 年)数据显示，截至 2017 年底，我国可再生能源发电装机达到 6.5 亿 kW，其中水电装机 3.41 亿 kW、风电装机 1.64 亿 kW、光伏发电装机 1.3 亿 kW、生物质发电装机 0.15 亿 kW，可再生能源发电装机约占全部电力装机的 36.6%，说明可再生能源的清洁能源的替代作用日益突显。

生态环境保护和应对气候变化要求加快可再生能源发展，到 2020 年我国非化石能源占比将提高到 15%，到 2030 年占比将达到 20%。废弃矿井可再生能源开发利用市场潜力大，且具备技术基础。

(四) 对煤炭产业转型升级意义重大

开发利用好废弃矿井资源是我国面临的新课题。德国、英国等发达国家开展了大量探索研究，但仍未形成可推广的成熟模式，因此亟待通过研究建立符合我国国情的废弃矿井开发利用模式。我国煤矿条件复杂、阶段性废弃矿井数量较多，同时能源结构、技术水平、产业政策等具有自身特点，难以照搬国外模式；开展我国废弃矿井可再生资源开发利用战略和工程科技研究，有利于为煤炭行业，特别是涉及关闭退出矿井的企业提供一条转型脱困的战略路径，其对促进可再生能源发展和能源结构调整具有重要意义。

二、研究范围

(一)废弃矿井

本书所研究的废弃矿井主要指废弃或关闭退出的井工煤矿和露天煤矿(在调研国外现状时，适当借鉴非煤矿山)。

(二)废弃矿井煤炭地下气化

废弃矿井煤炭地下气化要根据矿井开采条件和废弃煤层的地质条件选择气化炉的结构形式和地下气化工艺。当矿井原有的开采条件保留完整时，可利用原有的井巷条件开拓煤巷施工气化通道、集气通道，建设矿井式地下气化炉；在井筒和巷道中铺设管路，将气化剂输送到气化炉，同时将煤气输送到地面，节约建炉投资和地面用地；但要将地面控制后退注气装置移植到井下巷道中安装，同时能够在地面进行控制；要建设完善的井下安全监控系统。当矿井原有的开采条件不能使用或者恢复投资较大时，则选择钻井式煤炭地下气化工艺。

(三)可再生能源

一般而言，可再生能源主要包括太阳能、风能、水能、生物质能、地热能和海洋能等。废弃矿井可以利用的仅有太阳能、地热能和风能。

从目前的产业政策、技术成熟度、经济和环保效益等方面来看，与废弃矿井相关的太阳能、地热能和风能均具有开发利用的条件。但从废弃矿井沉陷区地质条件来看，发展大型风电存在较大风险。采矿区地形复杂，浅层地质结构遭到破坏，大型风电机组本身自重为100～2000t，如果加上风载，地基将承受更大的载荷，将会对原本已不稳固的地层造成进一步沉陷的风险，给地表的大型风机及重建建筑造成巨大的安全隐患。

基于此，本书所研究的废弃矿井可再生能源主要为太阳能和地热能。另外，由于可再生能源发电具有间歇性，在有条件的情况下，利用富裕的可再生能源和废弃矿井地下空间或矿坑，可发展抽水蓄能等多能互补利用方式，本书也对其进行了探讨。

三、研究内容

(一)我国废弃矿井煤气化开发利用战略及典型案例分析

通过调研国内外煤炭地下气化技术的研究进展，分析煤炭地下气化技术特征及气化工艺的适用性，指出废弃矿井煤气化开发利用的技术途径。对矿井遗弃煤炭资源地下气化工业性试验案例进行调研，分析我国煤炭地下气化技术及应用中存在的主要问题，指出煤炭地下气化技术的发展趋势。针对存在的主要问题，梳理废弃矿井煤炭地下气化开发利用的工程科技，建立其技术体系，指出废弃矿井煤炭地下气化工程科技的研发内容和研发思路。

(二)我国废弃矿井可再生能源开发利用现状及典型案例分析

通过案例调研，总结分析我国废弃矿井太阳能、地热能等可再生能源开发利用的模式及相关地下空间储能技术的发展情况；从技术、政策、经济性等角度梳理分析我国废弃矿井太阳能、地热能等可再生能源开发利用中存在的主要问题；分别选取有代表性的项目，对废弃矿井可再生能源开发利用典型案例进行分析。

(三)国外废弃矿井可再生能源开发利用典型案例及启示

通过资料调研分析，梳理国外废弃矿井太阳能、地热能等可再生能源开发利用及相关地下空间储能技术的发展现状；分别选取有代表性的项目，对国外废弃矿井可再生能源开发利用典型案例进行分析；在此基础上，提出对我国废弃矿井可再生能源开发利用的主要经验启示。

(四)废弃矿井煤及可再生能源开发利用战略与工程科技

结合我国能源革命和供给侧改革，研究提出我国废弃矿井煤及可再生能源开发利用的战略目标(2020年、2035年、2050年)、重点任务、工程科技及政策建议。

四、研究思路

按照问题导向、量化研究、系统分析的研究思路，系统分析东北、山西等老工业基地的现状与存在的问题，针对老工业基地在地区转型过程中面临的人才缺乏、劳动力就业结构不合理、科技创新不足、生态文明建设滞后等问题和挑战，通过量化分析和战略研判，研究提出能源革命推动老工业基地转型发展的路径、举措和政策建议。

一是提出问题。通过数据调研，对老工业基地能源、经济社会与生态环境发展现状进行梳理，并使用指标分析方法对三者之间的关系进行研究，提出老工业基地能源发展面临的关键问题。

二是案例研究。借鉴国内外能源经济发展的经典案例，剖析废弃矿井资源化、能源化、功能化开发、生态保护型开发利用、传统能源与新能源互补的转型发展对老工业基地转型发展的借鉴意义。

三是量化分析。对老工业基地能源革命目标下的经济社会发展和生态保护进行研究分析，建立模型并进行量化研究。

四是系统分析。通过对老工业基地能源发展问题的剖析，提出老工业基地在国家能源革命中的战略定位和能源革命目标，以及老工业基地能源革命的内涵和实施路线；提出能源革命推动老工业基地能源转型发展的具体举措和政策建议，从而为推动老工业基地能源转型发展提供工程科技支撑和决策支持。

第二章

废弃矿井煤气化开发利用战略与工程科技研究

第一节　煤炭地下气化发展现状

一、煤炭地下气化的经济和社会意义

中国是以煤为主要能源的国家，在一次能源中煤占 60%以上，资源条件决定了在今后相当长的时间内，煤炭在中国一次能源结构中占据不可替代的重要地位。但传统的煤炭开采、运输、使用方式所造成的煤炭资源浪费和对生态环境的影响是不容忽视的，因此，必须刻不容缓地改变传统的煤炭生产和消费方式，发展洁净、高效的煤炭生产和利用技术，而煤炭地下气化技术则是一条最佳途径。

煤炭地下气化就是将处于地下的煤炭进行有控制的燃烧，通过煤的热作用及化学作用而产生可燃气体的过程，其是集建井、采煤、气化三大工艺为一体的多学科开发清洁能源与化工合成气的新技术。该过程抛弃了庞大的采煤设备和地面气化设备，变传统的物理采煤为化学采煤，因而具有安全性好、投资少、效益高、污染少等优点，深受世界各国的重视，被誉为第二代采煤方法和煤炭加工及综合利用的最佳途径。早在 1979 年，联合国“世界煤炭远景会议”上就明确指出，发展煤炭地下气化是世界煤炭开采的研究方向之一，是从根本上解决传统开采方法存在的一系列技术和环境问题的重要途径。

煤炭地下气化的经济和社会意义可概括为以下几点。

1）简化煤炭生产和转化的工艺流程

煤炭地下气化是一种化学采煤方法，即煤炭不经矿井开采，在地下煤层中就地加工成气体燃料。该过程与矿井法相比，其生产工艺过程简单而且连续，气化生产过程中不需要地下作业，可实现全部生产过程的机械化和自动化，消除了对矿工身体健康与安全的危害。与地面气化工艺相比，其不需要地面庞大的气化设备，简化了工艺流程。

2）提高了煤炭资源的利用率

目前，我国查明煤炭资源储量 1 万多亿 t，但有效供给能力不足（田山岗等，2013），原因是：①现有的技术条件下并不能将所有的自然资源完全开采出来并转化为矿产品，如现有的煤炭生产矿井采出率一般不足 50%，为数众多的小型矿井采出率仅有 10%～20%；另外，资源埋藏很深的高地温、高地压、高瓦斯及水文地质情况复杂的矿井，由于安全风险极大及开发成本极高而不能被开发利用。②现有的技术条件下可以开采的资源由于生产成本较高或市场价格较低而不能获利，属于欠经济的资源，致使这一部分资源被遗弃在井下。③在经济的资源储量中还有部分地区由于资源产地生态环境的约束或有关政策法律的约束而不允许开发。总之，在地质勘查阶段获得的1万多亿t煤矿资源储量中，在现有的传统煤炭物理开采技术的基础上，只有一部分能够转化成可为经济建设服务的资源。利用煤炭地下气化技术可再次回收矿井“遗弃”煤炭资源；煤炭地下气化技术还可以开采井工难以开采的低品位煤层、薄煤层、“三下”(村庄下、河流下、铁路下)煤层和深部煤层，大大提高煤炭资源的利用率。

3)产品便于输送和使用

固体煤炭的输送需要大量的装卸和储藏设备，且燃烧固体煤炭需要排渣，消耗了大量的人力物力。地下气化煤气可就近用管道输送给工业用户，其合成产品天然气可以用管道输送到任何地方，使煤炭能源的输送和利用更为高效和方便。

4)便于煤炭资源的综合利用

煤炭单一地作为燃料使用实质上是一种浪费，而作为化工原料可以充分利用煤炭中所含有的多种元素的化学价值。煤炭作为能源而燃烧的比重将逐渐降低，作为化工原料的比重将逐渐上升。煤炭地下气化能直接提供含氢的煤气，与地面煤化工类似，可用于合成天然气、甲醇、油等产品。

5)改善煤炭工业技术经济

在煤炭地下气化技术中，煤炭不需要开采、运输、地面洗选、加工、转化，节约了大量建井、采煤、选煤工程投资，大大减少了煤炭运输费用，减少了地面建气化厂的投资，因此地下气化煤气成本将降低。美国专家对煤炭地下气化和地面气化进行经济分析后指出，煤炭地下气化与地面气化生产相同下游产品成本可下降：①生产合成气为 43%；②生产天然气代用品为10%～18%；③发电为 27%(岑可法等，2014)。

6)降低煤炭开采和气化过程中的水资源消耗

我国不仅水资源严重短缺，分布严重不均，从东南向西北递减，而且更为不利的是水资源和煤炭资源逆向分布，煤炭资源富集区往往是生态环境比较脆弱、水资源比较匮乏的地区，使得水资源在煤化工产业发展过程中的制约作用尤为突出。煤炭地下气化过程可利用原始煤层的裂隙水及出口煤气冷凝水或煤气净化的废水作为气化剂，大幅降低煤气化过程中水资源的消耗量，其为煤化工的规模化生产开创了一条全新途径，尤其适用于我国西部水资源相对匮乏地区的煤炭资源的开发利用。

7）减少对环境的影响

我国煤炭资源供应过程中的环境污染主要来自两个方面：一是煤炭开采过程，其对地表生态的负效应表现为①煤炭采空区地表沉降、塌陷、水土流失，耕土层被破坏、疏松，失去涵养水分的功能，造成地面倾斜、开裂；②煤矿掘进矸石、选煤厂矸石堆放压占土地，同时受风力影响产生扬尘污染；③煤炭运输通道两侧农作物受扬尘污染而减产；④未经处理的矿井水对土壤和地表水的污染；⑤向大气排放的矿井瓦斯，地面储煤场、矸石堆放场自燃都可排放 SO_2、CO 及 NO_x 等。二是煤炭使用过程，燃煤造成的 NO_x、SO_2 和烟尘等仍是常规污染物的主要来源；另外，燃煤导致温室气体排放量巨大，随着国际社会减排 CO_2 的呼声日益高涨，我国在温室气体减排方面将遭受越来越大的压力（钱佰章，2008）。

煤炭地下气化产生的灰渣存在于井下，可大大减少地表塌陷量，避免了地面固体废物堆放，因此煤炭地下气化减少了对地表环境的破坏。地下气化出口煤气可以集中净化，脱除其中焦油、硫和粉尘等有害物质，从而得到洁净煤气。我国煤层和油层互存的资源丰富，即煤层在上部、油层在下部，煤炭地下气化过程中产生的 CO_2，经分离、捕集后可就地作为低渗透油气田、稠油资源开发的重要驱油资源，在增加原油开采效率的同时可以封存 CO_2，CO_2 被注入地下后有 50%～60%被永久封存于地下，剩余的 40%～50%则随着油气返回地面，将其回收作为气化剂，实现化石能源的低碳开采（梁杰等，2015）。因此，煤炭地下气化技术将环境保护的重点放在源头，而非末端治理，其是一项符合可持续发展战略的环境友好的绿色技术。

二、煤炭地下气化特征及实现过程

煤炭地下气化过程主要是在地下气化炉的气化通道中实现的，如图 2-1 所示（梁杰，2002）。

由进气孔鼓入气化剂[有效成分是 O_2 和 $H_2O_{(g)}$、CO_2]，并在进气侧点燃煤层，气化剂中的 O_2 遇煤燃烧产生 CO_2，并释放大量的反应热，使还原区煤层处于炽热状态，当气流中 O_2 浓度接近于 0 时，氧化区结束。在还原区，

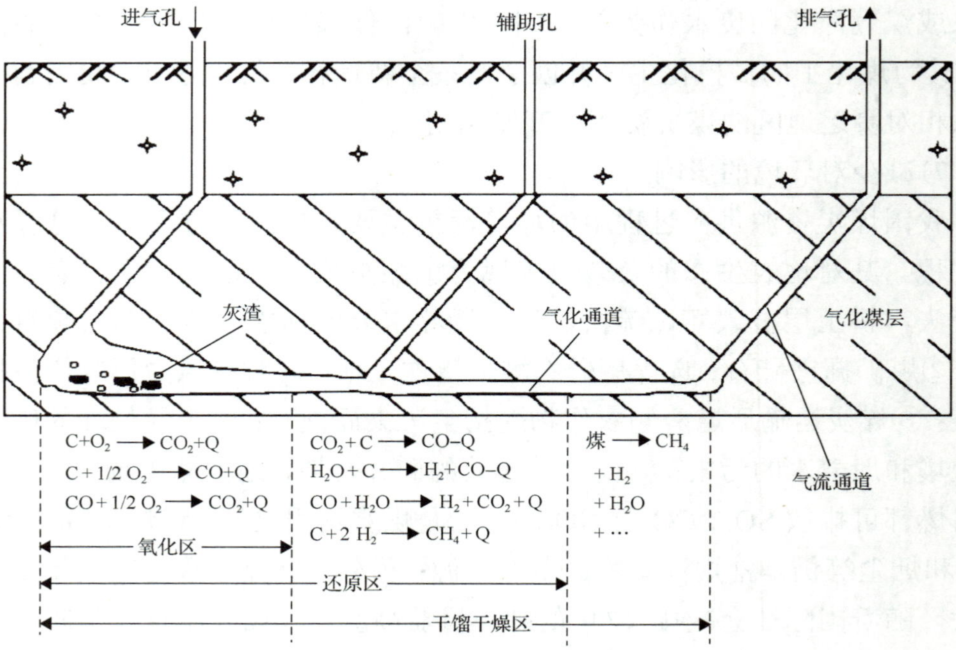

图 2-1　煤炭地下气化原理

CO_2与炽热的 C 还原成 CO，$H_2O_{(g)}$与炽热的 C 还原成 CO、H_2等，由于还原反应是吸热反应，煤层和气流温度逐渐降低，当温度降低到不能再进行还原反应时，还原区结束。但此时气流温度仍然很高，对下游(干馏干燥区)煤层进行加热，释放出热解煤气。经过这三个反应区以后，生成的可燃组分主要是含H_2、CO、CH_4的煤气，气化反应区逐渐向出气口移动，因而保持了气化反应过程的不断进行。由此可见，可燃气体的产生主要来源于三个方面，即水蒸气的分解、CO_2的还原和煤的热解，这三个方面作用的程度正比于反应区温度和反应比表面积，同时也决定了出口煤气组分和热值。

在自由通道里以壁面反应为主称为自由通道气化，在渗流通道里气化称为渗流气化。在气化煤层中，自由通道的形成与在不均匀透气性的介质中燃烧区的移动是同时进行的，因此实际形成的气化通道是这两种类型的综合体，如图 2-2 所示。

试验表明，在自由通道里气化时，随着通道壁面的灰化，燃烧中心将逐渐消失。当煤层和顶板冒落后，自由通道消失而形成渗流通道，其不仅不是气化过程的阻碍，而且还是煤层合理气化的途径之一。渗流通道是由煤和多孔矿物岩石组成的层，其煤气生成反应是在已经被加热的多孔煤柱和矿物填塞条件下进行的，根据煤层阻力和通道矿物填塞的不同情况，气流以不同流速在通道里分布，致密的顶底板和透气性不均匀的煤层是渗流通道的分界面。

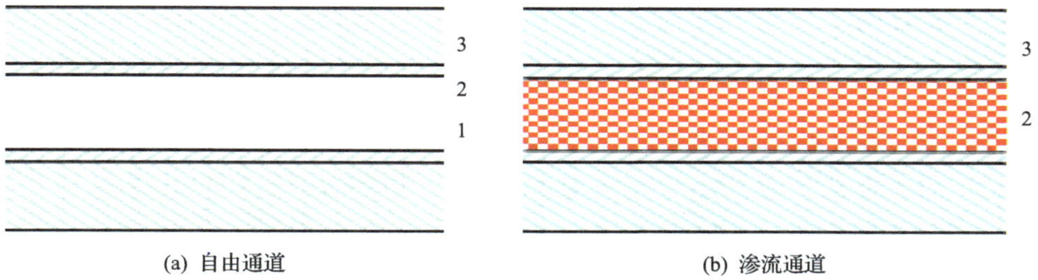

图 2-2　地下气化炉两种类型的气化反应通道

1-自由通道；2-反应区；3-煤层

煤炭地下气化过程是通过地下气化炉和气化控制工艺来实现的。

(一) 地下气化炉

地下气化的物质基础是地下气化炉，组成地下气化炉的四个要素是进气井(通道)、出气井(通道)、气化通道和集气(气流)通道。地下气化炉按施工方法分为矿井式气化和钻井式气化两大类。

矿井式气化，又称有井式气化，是指利用井下巷道施工气化通道、集气(气流)通道，并布置操作与控制设备，其气化炉结构如图 2-3 所示。因此，矿井式气化的建炉过程还需要人工在井下作业，其一般适用于废弃矿井煤炭资源的回收(贺永德，2010)。

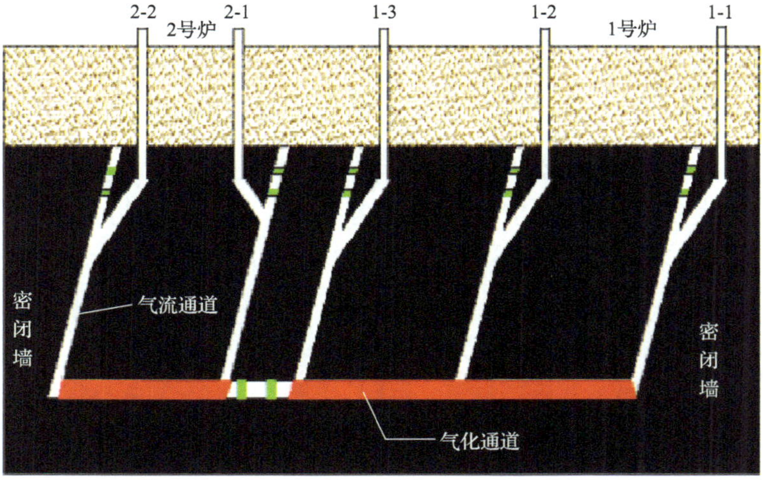

图 2-3　矿井式地下气化炉

钻井式气化，又称无井式气化，是指利用定向井或火力贯通、水力压裂贯通、电力贯通等特殊技术对气化通道、集气(气流)通道进行施工，在地面布置操作与控制设备，如图 2-4 所示。钻井式气化完全避免了人工在井下作业，其一般适用于原始煤层的开采，也可用于废弃矿井煤炭资源的回收(梁杰等，2013)。

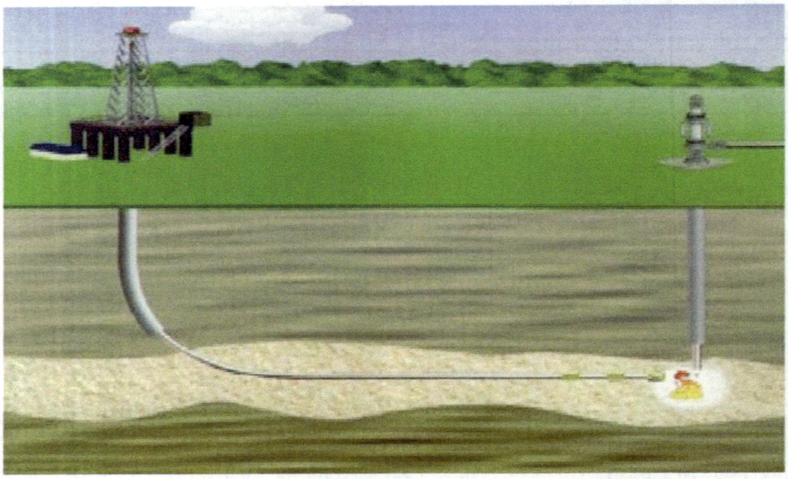

图 2-4　钻井式地下气化炉

地下气化炉有单工作面气化炉和多工作面气化炉，单工作面气化炉由一个进气井、一个气化通道和一个出气井组成，是地下气化炉最小的工作单元。为了达到工业化生产规模，可由多个单工作面气化炉并联生产，或者构建多工作面气化炉，多工作面气化炉由多个进气井、多个气化通道、一个集气通道和一组出气井组成。

地下气化炉的边界或密闭层由煤层顶板、底板和煤柱组成。位于煤层的上覆、下伏岩层称为煤层的顶、底板，常见的有黏土岩(泥岩和页岩)、粉砂岩、砂岩和石灰岩等，煤层顶、底板岩石的性质、强度、厚度及含水性对气化炉设计有一定的影响，要求顶板岩层能够完全覆盖住待气化煤层区域，且其厚度大于冒落形成的“三带”高度。地下气化炉的外界一般有含水层，覆盖在顶板上面的含水层为气化炉上含水层，下伏在顶板下面的含水层为气化炉下含水层，含水层是地下气化炉的第二层密闭层。

(二)地下气化工艺

根据煤气生产质量的要求，地下气化工艺主要有空气气化工艺、富氧气化工艺、富氧(纯氧)-水蒸气气化工艺、富氧(纯氧)-水气化工艺、富氧-CO_2气化工艺和两阶段气化工艺等。

(1)空气气化工艺，是一种连续向地下气化炉内注入空气生产空气煤气的地下气化工艺，空气中氮气含量较高，使煤气中可燃组分含量相对较低，只能生产热值在4.18MJ/Nm^3左右的低热值的空气煤气，该煤气可作为燃料用于锅炉燃烧或发电。

(2)富氧气化工艺，是一种向地下气化炉内连续注入富氧空气(或纯氧)生产富氧煤气的地下气化工艺，该工艺煤气有效组分(H_2+CO+CH_4)和热值随氧气浓度的增加而有所提高，可作为燃料用于工业窑炉燃烧或发电，也可用于分离H_2和CH_4。

(3)富氧(纯氧)-水蒸气气化工艺，是一种向地下气化炉内连续注入富氧和水蒸气(或纯氧和水蒸气)生产半水煤气的地下气化工艺，该工艺煤气中H_2含量显著提高，除作为燃料外，还可作为化工合成气。

(4)富氧(纯氧)-水气化工艺，是一种向地下气化炉内连续注入富氧和水(或纯氧和水)生产半水煤气的地下气化工艺，该工艺可得到与富氧(纯氧)-水蒸气气化工艺相同质量的煤气。添加水蒸气气化是地面煤气化的成熟工艺，但地下气化煤层距离地面几百米到上千米，水蒸气在钻孔中冷凝，到达煤层后大部分冷凝成水而难以达到气化工作面，因此在注入富氧(纯氧)的同时向气化工作面注水是地下气化常用的工艺。

(5)富氧-CO_2气化工艺，是一种向地下气化炉内连续注入氧气和CO_2混合气体，生产合成气的地下气化工艺，在氧气中加入CO_2可减少富氧空气气化N_2对合成气组分的影响。

(6)两阶段气化工艺，是一种将空气(或纯氧、富氧空气)和水蒸气分阶段注入地下气化炉的工艺，第一阶段注入空气(氧气)燃烧蓄热，生产空气(氧气)煤气，第二阶段注入水蒸气，生产热解煤气和水煤气。

在上述工艺的基础上，为提高煤层气化率和气化过程的稳定性，煤炭地下气化过程稳定控制工艺有反向气化工艺、逆向气化工艺、脉动注气气化工艺和控制后退注气点气化工艺等。

1. 反向气化工艺

正向气化时，由进气井注入气化剂，气化反应区随气流方向前进而逐渐移动到气化通道末端，即氧化区逐渐移动到出气井一侧，使还原区和干馏干燥区缺失，不能满足氧化区生成的CO_2还原和水蒸气分解反应的需要，煤气质量下降，出气温度升高，气化效率降低。此时可将原出气井改为进气井，原进气井改为出气井，进行反向气化，重新形成氧化区、还原区和干馏干燥区，维持气化过程的连续。根据煤层厚度及宽度可多次进行正向和反向气化，以实现高的煤层气化率。反向供风时，气化剂在原高温出气井中得以预热，该热能在气化炉中用以额外地分解水蒸气以增加氢气的含量，随气化剂导进的物理热可以在煤气中得到大致相等的化学能；同时，还原区和干馏干燥区在正向鼓风时燃烧过的区域温度较高，还原反应温度条件和干馏效果都比较好。其不利的一面是，氧化反应(氧化区)在干馏后的半焦中进行，火焰工作面移动会受到半焦和灰渣的影响，煤层经过正向鼓风时的干馏，干馏煤气产量受到了影响，但不利因素可由煤层冒落重新暴露新的煤层而得到相应的补偿。

2. 逆向气化工艺

逆向气化工艺是指气相流动方向与气化工作面移动方向相反的一种气化方式，逆向气化时煤层的初始气化位置位于出气口与气化通道的交叉点，通过控制气化剂的流量来控制气化剂在气化区的流速，当煤层燃烧的放热量大于下游带走的热量(包括气相带走的热量和以导热、辐射向下游传递的热量)时，气化工作面(火焰)则逆着气流方向移动，即气化工作面向进气井方向移动。试验表明，当气体流速小于1m/s时，则会出现逆向气化。逆向气化要控制气流速度，因此单工作面产能受到了限制。逆向气化是煤炭地下气化点火和火区扩展的重要方法。

3. 脉动注气气化工艺

脉动注气气化工艺是指气化炉压力呈周期性脉动变化的一种地下气化工艺，当高压气化时，气化剂向煤层内部渗透，增加气化范围；当低压气化时，集聚在煤层内的反应气体向气化通道快速流动，从而有利于煤颗粒反应表面灰层的去除，提高煤的气化率。

4. 控制后退注气点气化工艺

煤炭地下气化料层不能移动，而是要依靠气化工作面的移动来保持气化过程的连续，在长壁式气化工艺中，气化工作面的移动是依靠气流流动自然推进的，可控性差。利用注气点的后退移动注气可人为控制气化工作面的移动，从而实现对气化工作面的有效控制。美国劳伦斯利弗莫尔国家实验室首先采用了控制后退注气点(controlled retraction injection point，CRIP)工艺。该工艺中，生产井为直井，注入井为连通了生产井的定向井，一旦井之间的通道建立起来，供氧管便直接将氧气和水蒸气送到气化工作面，在靠近出气井的水平段处开始进行气化反应，当反应腔附近的煤燃烧用尽后，采用切管的方法将注气点后退一定的距离，重新点火，形成新的气化反应区，控制注气点随着气化工作面的移动而后退，如图 2-5 所示。

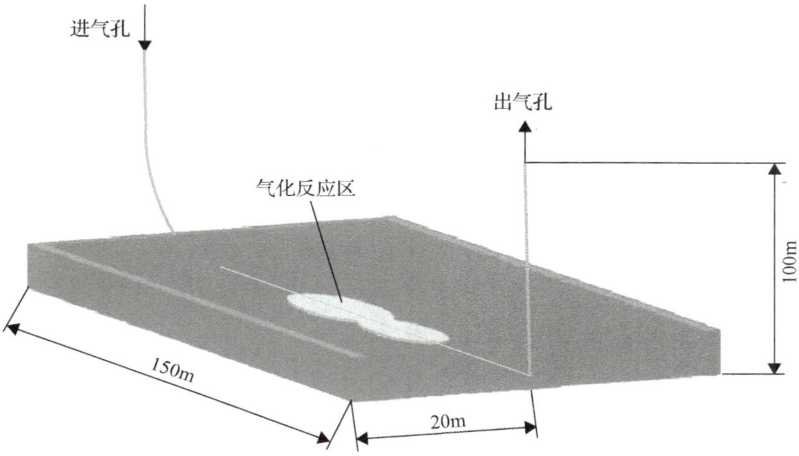

图 2-5 控制后退注气点(CRIP)气化方法

此外，也可以采用辅助孔后退注气，如图 2-6 所示。

辅助孔后退注气气化，首先在第一个辅助孔(23)注气，气化第一个气化腔(32)，当第一个气化腔气化结束时，启动第二个辅助孔(21)并注入气化剂，气化工作面(31)。以此类推，使定向孔上所有气化腔(两个钻孔之间组成的区域)气化完毕。

上述两种方法都是间断后退，在形成新的气化工作面时会导致煤气组分波动，为此中国矿业大学(北京)煤炭工业地下气化工程研究中心开发了新的气化工艺方法——分离控制注气点后退-水雾化气化技术(discrete control technology of receding injection point and water atomization for UCG，DCRA)，其气化系统如图 2-7 所示。

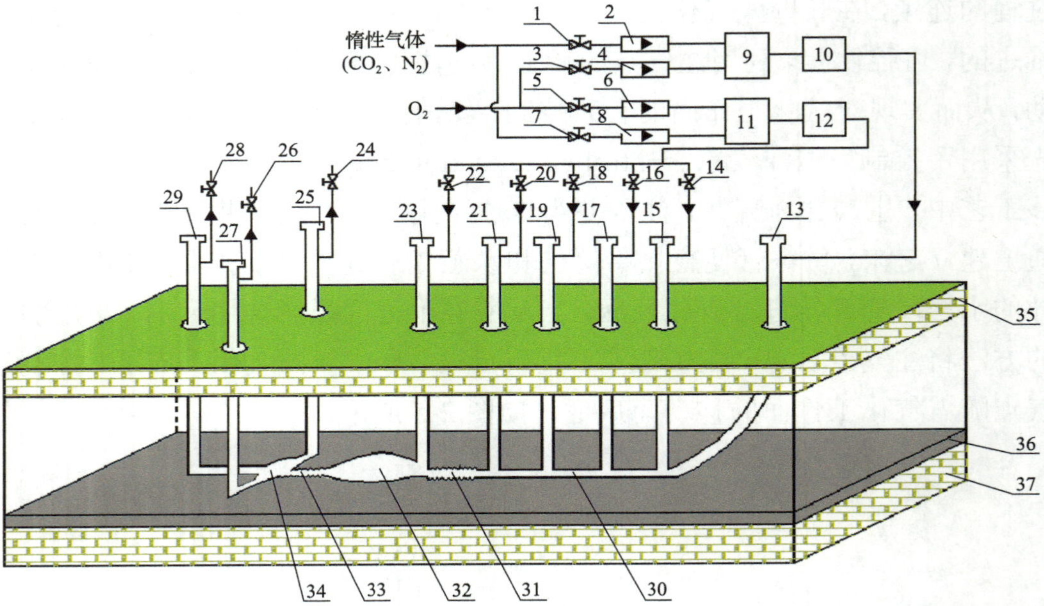

图 2-6　辅助孔后退注气

1、3、5、7-调节阀；2、4、6、8-流量计；9、11-混合器；10、12-调压器；13-定向孔；14、16、18、20、22、24、26、28-截止阀；15、17、19、21、23-辅助孔；25、27-点火孔(出气孔)；29-排水孔(出气孔)；30-定向水平孔；31-逆向贯通火焰工作面；32-气化腔(工作面)；33-煤层；34-点火区；35-表土层；36-煤层；37-底板

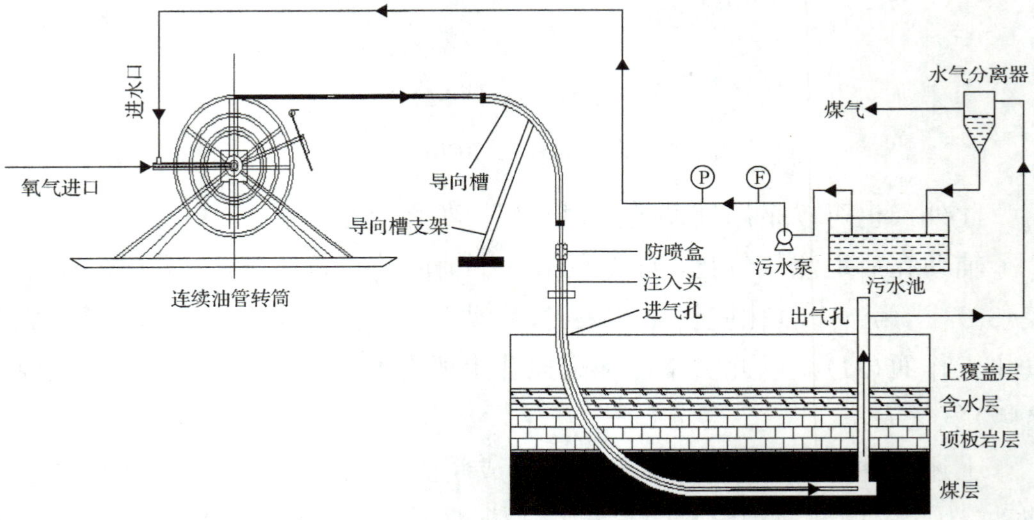

图 2-7　分离控制注气点后退-水雾化气化系统

分离控制注气点后退-水雾化气化系统由双套管分离控制-水雾化装置、双套管后退反馈控制装置、地下气化炉、煤气冷凝水(净化处理)收集注入装置组成；将富氧或纯氧和水分离输送，利用地面到地下水的压力势能和防回

火水雾化混合喷头，将水在径向和轴向上雾化，径向水雾喷向煤壁，防止煤层回火燃烧，轴向水雾与富氧或氧气在地下混合后作为气化剂，喷入气化反应区。以出口煤气组分和喷头温度为指标，采用变频和液压反馈控制系统，调整气水比及双套管后退时间和速度，实现连续后退和循环气化，从而实现地下气化过程的连续和稳定。

废弃矿井煤炭地下气化要根据矿井开采条件和废弃煤层的地质条件选择地下气化炉结构形式和地下气化工艺。当矿井原有的开采条件保留完整时，可利用原有的井巷条件开拓煤巷施工气化通道、集气通道，建设矿井式地下气化炉，采用矿井式地下气化工艺；在井筒和巷道中铺设管路，将气化剂输送到地下气化炉，同时将煤气输送到地面，节约建炉投资和地面用地；但要将地面控制后退注气装置移植到井下巷道中安装，同时能够在地面进行控制，需建设完善的井下安全监控系统。当矿井原有的开采条件不能使用或者恢复投资较大时，则选择钻井式煤炭地下气化工艺。

三、煤炭地下气化技术进展及现状

1888 年，伟大的化学家门捷列夫提出煤炭地下气化的设想，并指出实现工业化的基本途径。1912 年，英国化学家拉姆赛设计的矿井式盲孔炉地下气化获得成功。从此，煤炭地下气化技术以其诱人的综合开发煤炭资源的前景，吸引世界许多国家为此投入了大量的人力和物力进行研究，我国也有实验室研究、现场工业性试验，使其逐步走向了工业化生产。

(一) 国外煤炭地下气化技术进展

1. 苏联

苏联是世界上进行地下气化现场试验最早的国家，也是地下气化工业应用成功的国家。1932 年，在顿巴斯矿建立了世界上第一座有井式气化站。为探讨气化方法，1932～1961 年又相继建设了 5 座地下气化站，到 20 世纪 60 年代末已建站 12 座，所生产的煤气用于发电或作为工业燃料（余力，1990）。

苏联煤炭地下气化技术的发展大致经历了如下三个阶段。

1) 1931～1941 年的试验阶段

煤炭地下气化的实际试验工作是在 1931 年苏共中央通过关于煤炭地下

气化试验方案的决议后才开始的。初期的地下气化工艺建立在地面气体发生炉转化的基础上，即必须存在一层一定高度经粉碎、筛选过的煤块。1933～1935 年，在莫斯科近郊和顿巴斯煤田进行了 9 次粉煤气化试验，其工艺方法的不同仅在于疏松煤层和制造煤的气化工作层的方法不同：第一种是预先在煤层中埋设炸药，然后在地表引爆（费德洛夫法）；第二种是随着煤的燃烧，利用高温引爆炸药；第三种是将煤从地下挖出来，粉碎后重新填入再进行气化（库兹涅佐夫的储藏法）。以上这些有井式的气化需要大量井下作业，因要事先疏松煤层，方法比较复杂，所以不能长期稳定生产。1933 年开始试验“气流法”，即一端送气，一端出气，借助气流提前粉碎煤层。例如：①1933 年 4 月 4～17 日，在莫斯科近郊煤田采用上述第一种方法进行了试验，准备了 200t 煤。②1934 年 2 月 16 日～7 月 29 日，采用第二种方法进行了试验，准备了 1600t 煤。直至 1941 年在莫斯科近郊煤田找到高孔隙率煤层，才开始采用钻孔（即钻井式）地下气化方法（可不用事先粉碎煤层）。1941 年前，苏联基本上是采用矿井式（即利用坑道）进行地下气化试验。

提前粉碎煤层地下气化在顿涅茨克里希查煤田进行了试验，试验时间：1934 年 2 月 16 日～7 月 29 日；技术特点：采用炸药自动引爆；产气质量：CO_2 为 10%～12%，O_2 为 1%～2%，CO 为 12%～14%，CH_4 为 1%～3%，H_2 为 14%～17%，热值为 3.68～4.19MJ/Nm^3，试验时间较短。

“气流法”煤炭地下气化在戈尔洛夫地下气化站进行了试验，工作期限：1935 年 2 月 5 日～5 月 1 日，气化煤储量 50000t；技术特点：有井式气流法气化，试用各种规格气化剂；氧气浓度 20%～80%，进行了有吹孔和无吹孔的周期性试验。气化炉结构如图 2-8 所示，煤气组分和热值见表 2-1。

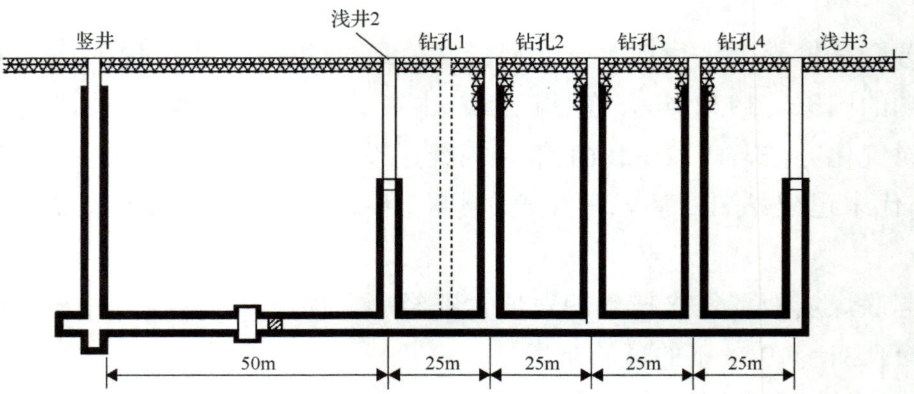

图 2-8　戈尔洛夫地下气化站气化炉

表 2-1　戈尔洛夫地下气化站煤气组分和热值

技术工艺	CO_2/%	O_2/%	CO/%	H_2/%	CH_4/%	热值/(MJ/Nm^3)
空气	8～10	0.2	13～16	11～15	2～5	3.77～4.18
O_2(23%)	12～17	0.2	14～19	19～20	3～5	5.44～5.86
O_2-水蒸气	14～20	0.2	16～17	45～55	4～5	8.37～8.79

试验期间共获得 1200 万 m^3 的煤气，其中 900 万 m^3 为热值在 4.18MJ/Nm^3 的煤气，300 万 m^3 为热值在 8.37MJ/Nm^3 的工艺气体，共生产 117d，平均生产规模为 7.7 万 m^3/d。戈尔洛夫地下气化站首次将煤气送往戈尔洛夫焦炭厂使用，并进行了气体涡轮机发电试验。

2) 1941～1957 年进入工业化生产阶段

1943～1946 年，在莫斯科近郊煤田开始了小规模工业化生产，煤气供离莫斯科 40km 的杜拉市烧锅炉用。1942～1946 年的产量见表 2-2。

表 2-2　苏联 1942～1946 年煤气产量和热值

年份	煤气产量/100 万 m^3	供应杜拉市锅炉/100 万 m^3	热值/(MJ/Nm^3)
1942	9.96	7.3	3.66
1943	14.57	7.4	2.99
1944	31.70	18.5	3.50
1945	31.78	17.1	3.20
1946	32.50	21.2	3.52

1957 年投入工业化生产的气化站有三个站：莫斯科近郊煤田气化站、顿巴斯里希查气化站和南阿宾斯克气化站。

3) 1957 年后的大规模发展阶段

将莫斯科近郊、顿巴斯里希查、南阿宾斯克三个气化站的煤气生产量提高了 60%。之后又完成了安格林、卡敏斯克等地的建站任务，煤气产量如下：1957 年 $3.31\times10^8m^3$、1958 年 $14.91\times10^8m^3$、1959 年为 $11.61\times10^8m^3$、1960 年 $3.65\times10^8m^3$。南阿宾斯克气化站的产量从 1958 年的 $3.7\times10^8m^3$ 提高至 1959 年的 $12\times10^8m^3$，并进行了副产品硫、硫代硫酸盐、氯的生产。

乌兹别克斯坦安格林气化站是目前世界上运行时间最长、唯一进入工业化生产的钻井式气化站。该气化站自 1961 年 9 月开始运行，1961 年产气 5 亿 m^3，1965 年产量达到 14 亿 m^3，1984 年产量为 5.8 亿 m^3，目前年产气量为 3.6 亿～3.8 亿 m^3，生产指标见表 2-3。

表 2-3 安格林气化站生产指标(空气煤气)

煤气组分/%						热值/(MJ/Nm³)	热效率/%	煤层气化率/%
H_2	CO	CH_4	CO_2	N_2	O_2			
22～22.4	4.6～6	2.2～2.4	20～22	44.4～50.6	0.3～0.5	3.35～4.18	70～85	82～95

安格林气化站主要采用火力贯通的方法建立气化炉，也进行了定向钻井施工气化炉的试验，水平钻井可达到 200m。火力贯通及气化参数见表 2-4，工艺参数见表 2-5。

表 2-4 火力贯通及气化参数

贯通合理间距/m	贯通速度/(m/d)	贯通压力/MPa	气化压力/MPa
12～25	0.8～1.4	8～45，最大 60	0.6～0.7

表 2-5 安格林气化站工艺参数

产气率/(m³/kg 煤)	空气耗量/(m³/m³ 煤气)	地下温度/℃
1.8～2.2	0.74～0.83	1100～1200

进、排气孔直径一般都为 150mm，为防止垮落，大部分钻孔为斜孔，排气孔多于进气孔，排气孔温度在 350℃左右。

安格林气化站虽然经过 50 多年的运行，但都在进行低热值煤气的生产，且没有对氧化区、还原区、干馏干燥区分布规律，以及气化区温度、燃空区扩展规律进行测试和研究。尽管如此，安格林气化站运行参数和运行经验对地下气化炉设计和气化工艺制定都有很大的指导意义。

苏联煤炭地下气化技术达到了工业化生产水平，特别是利用地下气化煤气发电，生产正常稳定，取得了很好的经济效益和社会效益。但由于 20 世纪六七十年代，苏联发现大量石油及天然气，能源产业结构进行了调整，因此战略上不再使用煤炭地下气化技术。

2. 美国

1946 年，美国首先在亚拉巴马州的浅部煤层进行试验，利用钻井式施工方案，一个大直径钻孔从地面钻到通道里采出燃气，另外一个大直径钻孔从地面钻到反应边缘用以导入空气，目的是定向扩大燃烧区，采用空气、水蒸气、富氧空气等不同气化剂进行试验，煤气热值为 0.9～5.4MJ/Nm³，以氧气为气化剂，热值达到 7.3MJ/Nm³。

1950 年，在菲格矿进行了一些小型试验，在一条直线上有相隔不同距离的 4 个垂直孔，以不锈钢作为电极下放到孔底煤层中进行电力贯通，9m 需要 400V 电压，而 27m 则需要 2300V 电压，煤层的部分导体是煤层中的水分。1960 年进行一些现场试验研究，试验目的是要产生热值较高的气体，而实际上热值为 10.2MJ/Nm^3，试验后解剖了炉体，解剖发现，气化炉中发生焦化作用，煤中可挥发分被干馏出来。

20 世纪 70～80 年代，因能源危机美国组织了 29 所大学和研究机构，在怀俄明州进行大规模有计划的试验。1981 年投资 2 亿余美元，进行了以富氧水蒸气为气化剂的试验，获得了管道煤气和天然气的代用品，并用于发电和制氨。1987～1988 年完成的落基山(Rocky Mountain)-1 号试验，获得了加大炉型、提高生产能力、降低成本、提高煤气热值等方面的成果，从而为煤炭地下气化技术走向商业化道路创造了条件。政府资助项目集中于两种工艺类型，控制后退注气点法(CRIP)及急倾斜煤层法(SDB)，私营企业参与了这些项目的研究，并利用地下煤气化的产品来发电、生产化学品和作为液体燃料。美国投入巨额资金进行了大量试验，使煤炭地下气化技术日臻完善，美国能源部宣称，一旦再发生能源危机，将广泛使用煤炭地下气化技术生产中热值煤气(Thorsness and Britten，1984；Cena and Britten，1988)。

1972 年美国在 Hanna 进行了地下煤气化试验，地质特点：次烟煤，煤有很高的挥发性，不黏结，在热处理时收缩，煤层厚度 10m，煤炭储量 6700t；技术特点：垂直井连通法-逆向燃烧法贯通；气化炉结构：钻孔间距 20m，深度 100m；产气平均热值：6.11MJ/Nm^3；煤气产量：3.25×10^5m^3/d；气化煤：109t；试验时间：62d；能量利用率：82.7%；主要问题：水的流动影响气化过程。

在怀俄明州北部和蒙大拿进行了现场试验，地质特征：煤层厚度 8.5m，深度 40m；技术特点：填充床方法，煤用糊状炸药炸松，然后从煤的顶部点燃，从上到下用空气、氧-水蒸气混合物并流气化；气化炉结构：钻孔间距 10m，深度 40m；平均气体组分分析结果：H_2 为 20%，CO 为 10%，CH_4 为 4%，CO_2 为 16%，N_2 为 50%；气体热值：3.77～5.44MJ/Nm^3；气化煤 130t，利用效率约 75%。

落基山-1 号试验采用长通道与控制供风点后退工艺，试验因为通道增长，燃烧了 14000t 煤，煤气热值见表 2-6。

表 2-6 美国落基山-1 号试验煤气组分和热值

供风点位置		1	2	3	4
工作天数/d		43.8	19.9	20	9.3
燃烧煤量/t		4100	2330	2510	880
煤气成分	CH_4/%	10.5	8.6	9.5	6.7
	H_2/%	33	33	39	40
	CO/%	11.6	10.8	14.3	9.9
	CO_2/%	37.0	40.0	35.0	42.0
煤气热值/(MJ/Nm^3)		11.1	10.2	11.0	9.2

3. 其他国家

英国于 1949 年恢复煤炭地下气化试验，1949 年在 Derbyshire（德比郡）的 Newman Spinney（纽曼斯平尼）、1950 年在 Wacester-shire（伍斯特郡）的 Bayton（贝顿）建立了地下气化试验站。截至 1956 年，先后共进行过 6 次试验，气化了 5000 万 t 煤，进行了 U 形炉火力、电力和定向钻井等贯通试验及单炉、盲孔炉等试验，积累了丰富的资料。利用矿井式盲孔炉组成了复合炉，一次气化 20 万 t，煤气供一个 500kW 的电站发电（外尾善次郎，1985）。英国计划采用地下气化技术开采 1000m 以下的深部煤炭和海下煤炭资源。

西德和比利时于 1976 年 10 月签订了关于共同开发煤炭地下气化技术的协定。他们的主要目标是对 1000m 以下深部煤层气化。西德亚琛工业大学和比利时林堡跨国大学从 1979 年起在图林进行了现场试验，对约 870m 深的煤层进行了高压气化，产生的煤气用于发电（Dufaux，1990）。

1988 年 6 个欧共体成员国组成了一个欧洲 UCG 工作小组，其提出了一个新的发展计划建议书，项目实施时间为 1991 年 10 月～1998 年 12 月，在西班牙的 Alcorisa（阿尔科里萨）进行了现场联合试验，试验结果证明：①在中等深度（500～700m）煤层进行地下气化是可行的；②采用的定向钻井技术特别适用于在煤层中对气体流动通道进行施工；③对中等埋藏深度煤层的气化过程有了深刻的认识，掌握了煤层在多大的压力下易于燃烧、气化效果良好，提高了对孔穴扩展机理的认识；④进行地下煤炭气化时，对地质和水文条件进行详细研究是至关重要的；⑤注入井和生产井运转顺利，控制后退注气点（CRIP）操作技术使用效果良好，开发了地下煤炭气化工艺的点火和控制技术的诀窍；⑥为了防止注入井中气体的逆流现象和注入井的损坏，需要采用必要的安全保护设备，对气体点火系统进行局部重新施工；⑦气化过程反应灵敏，当氧气注入速度提高时，产品气产出速度几乎同时增大，反之亦然，气化过程可以暂停一段较长的时间(如几天或更长的时间)，然后重新注入氧气再进行气化；⑧从气体处理和 CO_2 分离的角度来讲，地下煤炭气化技术具有潜在的环境效益。对作为污染源的气化孔穴有了更好的认识，但是孔穴中的气体和液体向周围岩层中的扩散问题需要进一步研究。

21 世纪以来，随着低碳能源发展的需求，煤炭地下气化技术在国际上重新受到广泛关注，许多国家认识到，发展 UCG 是大势所趋。澳大利亚、南非、美国、加拿大、印度、英国、波兰、巴基斯坦、新西兰、越南等国相继重新启动了煤炭地下气化技术的研究，并快速展开煤炭地下气化工程建设。英国 UCG Partnership(煤炭地下气化合作伙伴)作为非官方组织，于每年的第一季度在伦敦举办国际煤炭地下气化研讨会及培训会，来自世界各国的煤炭地下气化专家及投资商共同商讨煤炭地下气化技术的开发及商业化运营。

澳大利亚是近年来地下气化工作较为活跃的国家，从事煤炭地下气化技术开发并已展开现场试验的公司有 Linc Energy、Carbon Energy 和 Cougar Energy。澳大利亚昆士兰州政府批准这三个公司在昆士兰州褐煤煤田进行前期试验，以进行商业化运营的可行性论证及长期环境影响评估。Linc Energy 公司于 1999 年 11 月～2002 年 4 月完成第一期试验，第二期试验从 2007 年开始，主要方向为富氧气化生产合成气，用于油品生产，建成了合成油示范装置。Carbon Energy 公司地下气化工程于 2008 年 10 月点火，于 2009 年 2 月完成首期试验，主要目的是示范空气、氧气气化的可行性。Cougar Energy 公司地下气化工程于 2010 年 3 月 16 日点火，主要进行空气气化，规划建设 1500kW 发电及供热示范工程，后期规划 200MW 地下气化发电项目。澳大利亚公司正积极寻找在亚洲地区进行技术输出的机会(Perkins，2018)。Linc Energy 公司技术方案历经革新，完成了五代气化炉试验，如图 2-9 所示，初步形成了可用于商业化运行及商业化复制的地下气化炉型及技术，煤气组分(空气气化)：H_2 为 15%～25%，CO 为 6%～10%，CH_4 为 3%～4%，N_2 为 40%～50%，其余为 CO_2；煤气组分(纯氧-水蒸气气化)：H_2 为 30%～35%，CO 为 10%～15%，CH_4 为 10%～15%，CO_2 为 35%～40%。

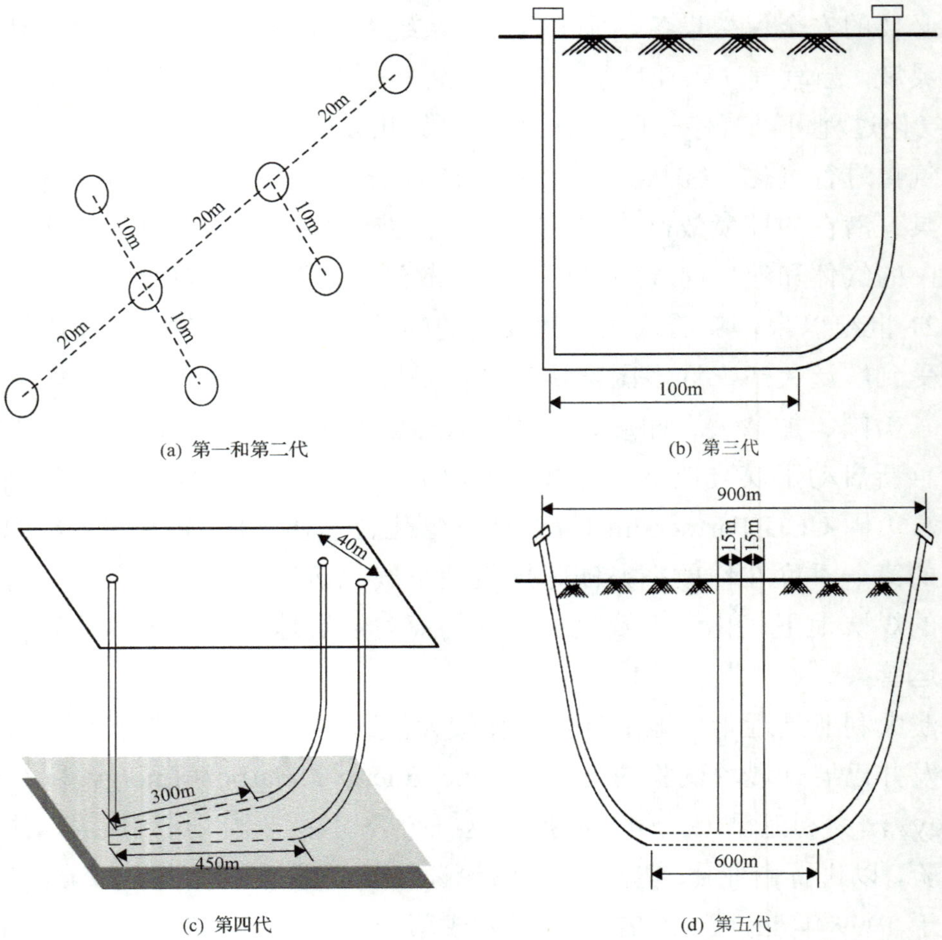

图 2-9　Linc Energy 公司的气化炉结构演变

南非 Eskomo（埃斯科莫）煤炭地下气化工程于 2007 年 1 月 20 日成功点火，于 2007 年 5 月实现煤气发电，截至 2008 年 1 月已累计气化煤量 3400t，工程建设目标为 2020 年达到 2100MW 的发电规模。

卡尔加里的天鹅山合成燃料公司（Swan Hills Synfuels）建设了一个煤层地下气化项目，这一项目是目前世界上最深的煤层地下气化工程，气化煤层深度达 1400m。该项目于 2015 年动工，天鹅山合成燃料公司计划通过产生的煤气实现 300MW 的发电能力，同时每年出售超过 130 万 t 的 CO_2，这些 CO_2 可以被石油厂商所利用，最终封存在油井里。

（二）我国煤炭地下气化技术研究与发展现状

1958～1962 年，我国先后在大同、皖南、沈北等许多矿区进行了自然条件下煤炭地下气化的试验，并取得了一定的成就。1984～2019 年，我国已在江苏徐州、山东新汶、河北唐山、山西昔阳、重庆中梁山等地的矿井废弃资源中采用矿井式气化方法进行了试验研究，并取得了可喜的成果。

1. 基础研究和技术开发

中国矿业大学(北京)煤炭工业地下气化工程研究中心自 1984 年开始进行煤炭地下气化技术的研究，在国家高技术研究发展计划(863 计划)课题的支持下，建成了具有世界先进水平的煤炭地下气化综合试验台和测控分析系统，并开展了相关的理论研究、模型试验研究，完成了褐煤、烟煤及无烟煤地下气化模型试验，研究了煤层倾角、煤层厚度、气化通道长度等对气化过程的影响，同时研究了空气气化、不同富氧浓度气化、富氧-水蒸气(水)连续气化工艺及正反向供风、推进式供风、分离后退注气等气化工艺。以出口煤气的组分及产量为目标函数，研究了煤层地下气化时温度场的发展规律及稳定控制技术，得到了褐煤、烟煤及无烟煤地下气化工艺参数，特别是在富氧-水蒸气(水)连续气化条件下的汽氧比、吨煤产气率、比消耗量、气化效率、煤层气化率等。

同时，在煤炭地下气化过程中的浓度场、速度场、顶板应力场、气化反应速率、燃空区扩展规律、气化过程稳定性、测控技术及 CO_2 减排技术等方面做了大量的理论研究工作，并取得了显著的成果。在上述理论研究的基础上，完成了现场工业性试验和应用(梁杰，2017)。

2. 现场试验

1987 年，完成了江苏省“七五”重点攻关项目——“徐州马庄矿煤炭地下气化现场试验”。本次试验采用了钻井式空气连续气化工艺，试验进行了 3 个月，生产煤气 16 万 Nm^3，煤气平均热值为 $4.2MJ/Nm^3$，试验表明，在矿井遗弃煤层中进行地下气化是可行的，其安全是有保障的。

1994 年，完成了国家“八五”重点科技攻关项目——“徐州新河二号井煤炭地下气化半工业性试验”。气化炉建立在矿井防水煤柱中，连续气化时间约 10 个月，所采用的“长通道、大断面、两阶段”地下气化工艺属国内外首创，生产的地下水煤气送往徐州市煤气公司供居民使用。

1996 年，完成了河北省重点科技攻关项目——“唐山刘庄煤矿煤炭地下气化工业性试验”。本次试验建立了两个气化炉，气化炉建在矿井安全煤柱中，在实施“长通道、大断面、两阶段”煤炭地下气化工艺的同时，采取压轴结合、边气化边填充、燃空区探测等保障措施，构成了较完善的生产工艺体系，可保证在气化炉工况变化的情况下，稳定生产空气煤气。

2000 年，完成了“孙村煤矿煤炭地下气化技术研究与应用”项目。该项目通过了山东省科学技术厅的鉴定，并进行了 400kW 小型内燃机发电试验，实现了地下气化从试验到应用的新突破。

2001 年，完成了“山东肥城曹庄煤矿复式炉地下气化试验”。煤气热值为 4.18～5.86MJ/Nm^3，单炉日产量约 3.5 万 Nm^3，煤气供居民使用。

2004 年，完成了山西昔阳无烟煤地下气化试验。空气煤气产量达到 12 万 Nm^3/d，燃气热值为 3.35～5.02MJ/Nm^3，低热值煤气供锅炉燃烧，产汽量为 4t/h，水煤气供合成氨厂使用。

2007 年，通过山东新汶鄂庄煤矿“煤炭地下气化工业性试验”，完成了国家高技术研究发展计划（863 计划）课题——“煤炭地下气化稳定控制技术的研究”。采用富氧、富氧-水蒸气连续生产工艺，辅以变截面流道-羽状煤层地下气化炉、反向供风气化等稳定气化工艺生产富氧煤气，平均日产气量达到了 5.14 万 Nm^3，80%富氧气化时煤气热值达到 9.49MJ/Nm^3，煤气供陶瓷厂燃烧和内燃机发电使用。

2014 年，通过“乌兰察布钻井式煤炭地下气化工业性试验”完成了国家高技术研究发展计划（863 计划）主题项目——“煤炭地下气化产业化关键技术”的研究。该项目先后建设了三个气化炉，完成了空气气化、富氧气化、富氧-二氧化碳气化工艺试验，获得了相应的工艺参数。气化炉日产低热值煤气 21.7 万 Nm^3，煤气热值平均达 3.96MJ/Nm^3，日产合成气平均达 12.4 万 Nm^3，有效组分（H_2+CO+CH_4）为 40%～51%，从而为我国开展钻井式煤炭地下气化技术的应用奠定了基础，2015 年 5 月通过了科学技术部高技术研究发展中心组织的专家验收。

另外，我国还在重庆中梁山煤矿、甘肃安口煤矿、黑龙江省依兰煤矿、河南省鹤壁三矿、新密煤田下庄河煤矿进行了矿井式气化方法的试验研究。

3. 我国煤炭地下气化技术综合评价

我国研究者进行了煤炭地下气化过程燃烧、气化、传热、传质、气化区扩展、燃空区扩展、污染物产生与迁移的基本规律的研究，完成了不同煤层条件下的现场试验，煤种为褐煤、烟煤、无烟煤，厚度为 1.15～12m，倾角为 5°～70°，埋深为 80～330m 等，都取得了满意的效果，实现了小规模工业化生产，有一定的经济效益和环境效益。矿井式和钻井式工艺特点见表 2-7。

表 2-7 矿井式和钻井式工艺特点

技术类别	建炉	煤层准备	工艺	安全性	地质情况	开发对象
矿井式（有井式）	人工掘进，通道断面大	对高变质程度煤可进行人工疏松	低压气化	要对密闭墙、隔离带施工，留隔离煤柱	炉区局部煤层条件清楚，水影响小	废弃矿井遗弃资源，矿井报废水平资源
钻井式（无井式）	定向井，火力贯通	对高变质程度煤要进行高压压裂疏松	中、高压气化	人不下井	建炉过程中钻孔取心勘探	废弃矿井遗弃资源，深部资源

综上所述，我国煤炭地下气化技术经过 30 多年的研究，在气化炉建设、点火技术、稳定生产工艺、测控技术、环保技术等方面都取得了重大突破，处于世界先进水平。从煤气组分、热值的稳定性和生产时间来看，达到了工业性试验的水平，开发了矿井式气化——“长通道大断面分离控制注气点煤炭地下气化技术”，其适用于老矿井遗留煤炭资源回收，开发了钻井式气化——“分离控制注气点后退-水雾化煤炭地下气化技术”和“化石能源低碳共采技术”，其适用于难采煤层和深部煤层地下气化，形成了我国自主知识产权的煤炭地下气化技术。

第二节 煤炭地下气化工业性试验案例与问题

一、矿井遗弃煤炭资源地下气化工业性试验案例

（一）徐州新河二号井煤炭地下气化半工业性试验

采用“长通道、大断面、两阶段”煤炭地下气化新工艺，即矿井式地下气化工艺，辅以多点供风气化、反向供风气化、压抽相结合等稳定气化工艺，保证了煤气质量和产量的稳定。

气化炉于 1994 年 3 月 23 日点火成功后，采用压抽结合、辅助通道供风、多点供风及脉动鼓风等工艺，基本保证了煤气质量的稳定，连续气化时间约 10 个月。先进行空气连续气化试验，鼓风煤气的平均热值为 5.02MJ/Nm^3，组分为 H_2 23.58%、CO 7.78%、CH_4 2.91%、CO_2 13.48%、O_2 0、N_2 52.25%，日产煤气量平均为 3.6 万 m^3，煤气供工业锅炉燃烧，效果良好。1994 年 11

月以后，又进行了多次两阶段气化试验，其结果见表 2-8，煤气送徐州市煤气公司供居民使用，日产量约为 2 万 m^3。

表 2-8　徐州新河二号井试验水煤气指标

序号	煤气组分/%					煤气热值 /(MJ/m³)	煤气流量 /(m³/h)
	H_2	CO	CH_4	CO_2	N_2		
1	58.29	8.59	9.28	19.63	4.21	12.22	1920
2	58.38	10.35	14.32	13.38	3.57	14.45	1400
3	57.10	11.66	14.89	13.85	2.50	14.70	1500
4	62.07	14.43	10.13	11.07	2.30	13.78	1650
5	54.25	15.72	10.65	15.26	4.12	13.14	1810
6	64.07	11.31	9.94	11.13	3.55	13.57	1900
7	60.42	16.57	9.54	12.52	0.95	13.61	1550
8	64.63	12.47	9.65	11.70	1.55	13.69	1850

试验通过了原煤炭部技术成果鉴定。鉴定委员会认为，该试验完成了国家计划委员会攻关合同中所确定的任务，经科研成果查新表明，其“长通道、大断面、两阶段”地下气化工艺构思新颖，属国内外首创，半工业性试验达到了国际先进水平。本次试验基本上解决了煤炭地下气化(急倾斜煤层)长期因煤气热值低、成本高、不稳定、可控性差而停滞不前的难题，找到了适合我国国情发展煤炭地下气化的道路(梁杰和余力，2002)。该试验成果被评为国家“八五”重大科技成果。

(二)唐山刘庄煤矿煤炭地下气化工业性试验

采用“长通道、大断面、两阶段”煤炭地下气化新工艺，辅以双炉交替运行、多点供风气化、反向供风气化、压抽相结合等稳定气化工艺，保证了煤气的质量、产量稳定及生产过程的连续。该工程的 2 个气化炉分别设在 9#、12#煤层中。

唐山刘庄煤矿地下气化工程于 1996 年 5 月 18 日点火，综合运用了多种工艺，保证了气化炉运行稳定，产气量和煤气质量基本达到了设计要求。其首先进行了空气连续气化试验，产生的煤气供唐山市卫生陶瓷厂和唐山刘庄煤矿供热锅炉使用，同时也进行了多次两阶段气化试验，试验结果见表 2-9 和表 2-10。

表 2-9　唐山刘庄煤矿试验鼓风煤气组分、热值和产量

煤气组成/%					热值 /(MJ/Nm³)	煤气流量 /(m³/h)
H_2	CO	CH_4	CO_2	N_2		
10～20	10～25	2～4	7～25	40～65	4.18～5.86	10～12

表 2-10　唐山刘庄煤矿试验水煤气组分、热值和产量

序号	煤气组成/%					热值 /(MJ/Nm³)	煤气流量 /(m³/h)
	H_2	CO	CH_4	CO_2	N_2		
1	40.66	28.02	7.84	5.51	17.97	11.88	1963
2	48.98	5.02	13.65	22.61	9.74	12.26	2315
3	43.57	15.68	11.02	6.92	22.81	11.89	2287
4	49.11	13.21	14.11	16.82	6.75	13.51	2871
5	47.14	13.36	12.38	20.48	6.64	12.59	2263
6	46.69	14.45	10.27	23.55	5.04	11.83	2345
7	47.73	9.09	15.73	26.12	1.33	13.45	2233
8	47.94	16.63	12.04	18.17	5.22	12.97	2462
9	53.01	24.77	7.23	10.46	4.53	12.74	2346
10	52.00	11.24	8.65	21.83	6.27	11.45	2430

唐山刘庄煤矿实现稳定生产五年多，低热值煤气生产规模达到 10 万～12 万 m^3/d，中热煤气约 2.5 万 m^3/d。

唐山刘庄煤矿 9#煤层气化率为 61.9%（梁杰等，2000）。

主要评价指标如下：全部投资内部收益率税前 27.9%，大于相应的基准收益率 10%，财务净现值税前为 653.6 万元，大于 0，表明该试验除满足行业最低要求外，还有盈余，因而在财务上是可以接收的。项目投资回收期为 4.6 年，经济效益较好。

（三）山东新汶孙村煤矿地下气化应用工程

1. 气化区煤层地质特征

气化区建立在孙村煤矿 4#煤层中，4#煤层厚度为 1.8m，倾角为 25°。

2. 技术特点

采用“长通道、大断面”脉动两阶段煤炭地下气化新工艺，辅以双炉交替运行、反向供风气化、压抽相结合等稳定气化工艺。

3. 气化炉结构及生产系统

孙村煤矿气化工程建立了两个长通道、大断面地下气化炉。由于受断层的限制，两个气化炉气化通道长度分别为 63m 和 74m；四条气流通道长度为 120～140m。气化炉结构如图 2-10 所示。

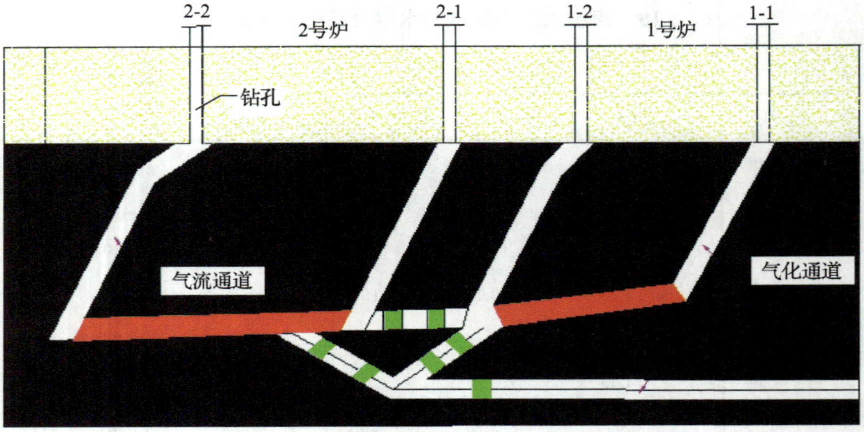

图 2-10　孙村煤矿气化炉结构

该工程与地面小煤气站相配套，主要包括管路系统、净化系统、测控系统等。其中，管路系统包括鼓风机、引风机等设备，净化系统包括孔口喷淋降温除尘系统、捕滴器、水封、洗涤塔等，并建立了 400kW 内燃机发电试验机组。

4. 煤气质量及生产规模

孙村煤矿地下气化炉采用了多种气化工艺，如利用炉内淋水进行水煤气和半水煤气的生产；产出的煤气经初步净化后，送煤气站脱硫等进行进一步净化，然后再送入气柜供居民使用。表 2-11 是利用脉动鼓风及顶板淋水所生产的煤气组成和热值。

大鼓风时煤气产量大、热值低；小鼓风时能生产热值在 8.36MJ/Nm^3 以上的煤气，但产量小；孙村煤矿地下气化炉的产气规模为 4 万 m^3/d，生产的煤气供居民使用或内燃机发电(梁杰等，2003)。

5. 技术与经济评价

首次成功地在缓倾角、较薄煤层(2m 以下)中进行了地下气化，地下水煤气热值达到 8.36～13.01MJ/Nm^3。采用“上固定、下伸缩”补偿技术有效地解决了孔管热胀冷缩的难题；采用“脉动两阶段地下水煤气生产工艺”和

“双炉串联运转工艺”及“净化水回炉利用工艺”成功地实现了稳定产气，既节省了水资源，又减少了废水排放量。向一万户居民和蒸汽锅炉提供燃气，并进行内燃机发电，实现了向工业化生产转化的新突破。

表 2-11 利用脉动鼓风及顶板淋水所生产的煤气组成和热值

序号	煤气组分/%					热值/(MJ/Nm^3)	单炉煤气流量/(m^3/h)
	H_2	CO	CH_4	CO_2	N_2		
1	29.58	3.20	3.38	14.44	48.55	4.87	1308
2	27.32	3.16	2.95	12.21	53.46	4.45	1319
3	22.29	3.32	2.72	13.62	57.32	3.84	1326
4	19.18	3.78	3.12	21.20	51.90	3.72	1297
5	47.40	9.97	8.50	24.40	9.10	10.72	680
6	49.38	9.50	8.71	23.04	8.42	10.67	654
7	53.33	7.71	10.82	23.66	4.48	11.74	1093
8	56.22	9.62	9.65	22.21	2.30	11.90	1130
9	56.06	9.42	9.22	20.49	4.09	11.69	1143
10	54.79	9.72	8.75	20.75	5.21	11.42	1171

地下气化水煤气成本为 0.1932 元/m^3，根据当地市场情况，水煤气价格可定为 0.45 元/m^3。通过计算，该项目在正常年份时(平均日产水煤气 4 万 m^3)，年获利税 375 万元，利润 311 万元，投资利润率 25.83%，投资回收期 3.9 年。

在孙村煤矿煤炭地下气化工程的基础上，采用相同的气化工艺，新汶矿业集团相继建立了协庄、鄂庄和张庄气化站。

(四) 山东肥城曹庄煤矿地下气化工程

1. 气化区煤层地质特征

曹庄煤矿气化站煤 9 厚 1.10～1.48m，平均厚 1.25m，结构简单，属稳定的薄煤层。区内煤 9、煤 10_2 工业储量合计为 114191t。

2. 技术特点

采用“长通道、大断面”复式炉地下气化工艺，辅以正、反向供风气化，压抽相结合等稳定气化工艺。

3. 气化炉结构及生产系统

气化炉一个进气孔、一个排气孔，服务于两层煤，即复式气化炉。钻孔深度 80～100m，下入 φ325 钢管作套管，套管在煤 9 中部位置开圆口。图 2-11 为曹庄煤矿复式地下气化炉结构图。

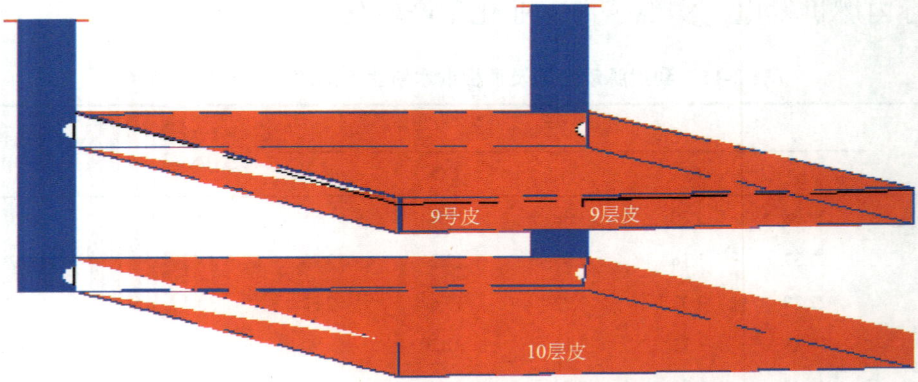

图 2-11　曹庄煤矿复式地下气化炉结构图

4. 煤气质量及生产规模

山东肥城曹庄煤矿复式地下气化试验工程于 2001 年 9 月 1 日点火，9 月 3 日生产出合格的煤气。实现的生产指标为：煤气热值 4.18～5.86MJ/Nm^3，单炉日产量约 3.5 万 m^3，生产的煤气供居民使用。

（五）山西省昔阳县煤炭地下气化应用工程

该项目是 863 计划课题“煤炭地下气化稳定控制技术的研究”低热值煤气现场试验的一部分，考核指标：日产低热值煤气大于（热值≥4.18MJ/Nm^3）10 万 m^3，煤气中有效成分（H_2+CO）、热值及产量波动范围控制在 20%以内，连续稳定生产周期大于 50d。

1. 气化区煤层地质特征

该组地层主要由黑色页岩、砂质页岩、砂岩、石灰岩和煤层组成，煤层厚度 5.8～8.85m，平均厚 6m，煤层倾角 10°～23°。煤层直接顶为炭质页岩，厚度 l8m，老顶为石灰岩，底板为炭质泥岩。

2. 技术特点

采用“长通道、大断面”脉动两阶段煤炭地下气化工艺，辅以变截面流道煤层地下气化炉、双炉交替运行、反向供风气化、压抽相结合等稳定气化工艺（梁杰等，2006）。

3. 气化炉结构及生产系统

1#气化炉气化通道设计长度为 110m，2#气化炉气化通道设计长度为 130m，气流通道长度均为 200m。2#气化炉中部设有辅助气流通道，辅助气流通道将 2#气化炉的气化通道分为两段，起辅助进气与排气作用。

所产水煤气全部作为昔阳县氮肥厂的原料，在地面气化站设置焦炭过滤器，煤气经加压风机加压输送到氮肥厂储气柜后与该厂净化系统并网，再对煤气进行脱硫、脱 CO_2 等净化处理。

4. 煤气质量及生产规模

图 2-12 是某个生产时段(59d)煤气热值、产量和有效组分稳定性情况。在这个生产时段，煤气热值基本稳定在 4.18MJ/Nm^3 以上，其平均值为 4.71MJ/Nm^3，煤气供工业锅炉燃烧，效果较好；煤气产量基本稳定在 10 万 m^3/d 以上，其平均值为 11.46 万 m^3/d；煤气有效组分(H_2+CO)基本稳定在 18.6%左右，波动范围在 20%以内。

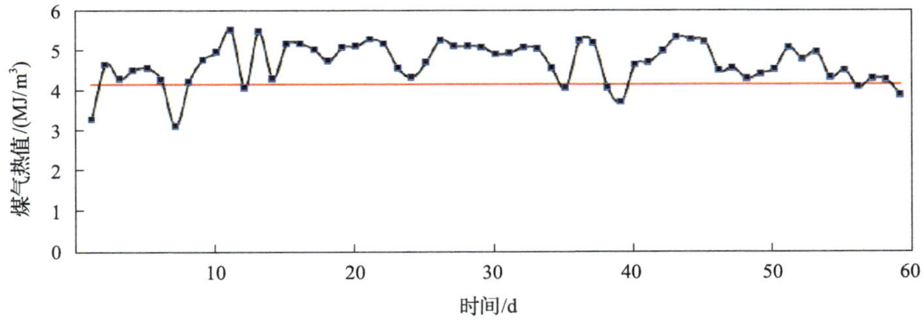

(a) 煤气热值稳定性分析

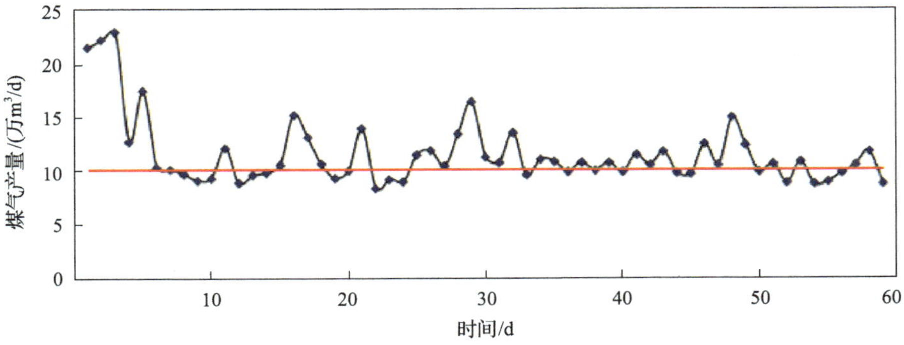

(b) 煤气产量稳定性分析

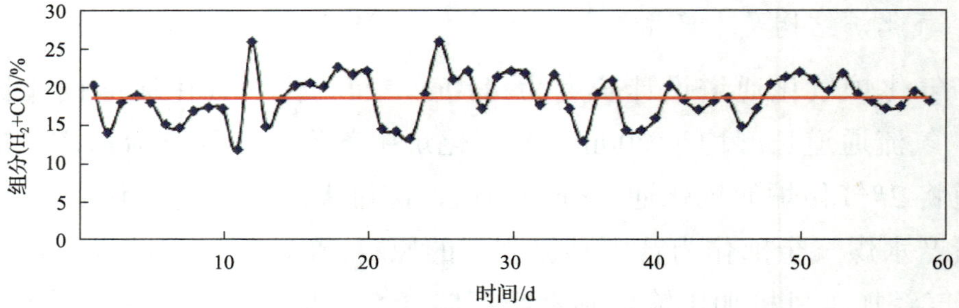

(c) 有效组分稳定性分析

图 2-12　某个生产时段煤气热值、产量和有效组分稳定性情况

（六）山东新汶鄂庄煤矿煤炭地下气化应用工程

该项目是863计划课题“煤炭地下气化稳定控制技术的研究”中热值煤气现场试验的一部分，考核指标：日产地下水煤气（热值≥8.36MJ/m^3）大于5万m^3；煤气中有效成分（H_2+CO+CH_4）、热值及产量波动范围控制在20%以内；连续稳定生产周期大于50d。

1. 气化区煤层地质特征

气化区为4#煤层，平均厚度为1.8～2.0m，煤层倾角为12°，属气肥煤。气化炉直接顶板为灰白色中粒砂岩，厚度为14～20m，抗压强度为120.6MPa，坚硬、稳固，不易冒落。

2. 技术特点

采用长通道大断面分离控制注气点煤炭地下气化技术和富氧-水蒸气连续生产工艺等稳定气化工艺。

3. 气化炉结构及生产系统

气化炉结构为一炉三孔，建设三条气流通道（长280m左右），相应地，从地面打三个钻孔分别与之相连，三个垂直气孔平均深330m、一条气化通道（长200m），如图2-13所示。

地面系统主要包括制氧系统、测控系统、煤气净化系统、锅炉、发电机等。

4. 煤气质量及生产规模

2007年4月气化炉点火生产，表2-12为采用不同富氧浓度下平均煤气组分、热值及日产量（梁杰等，2007）。

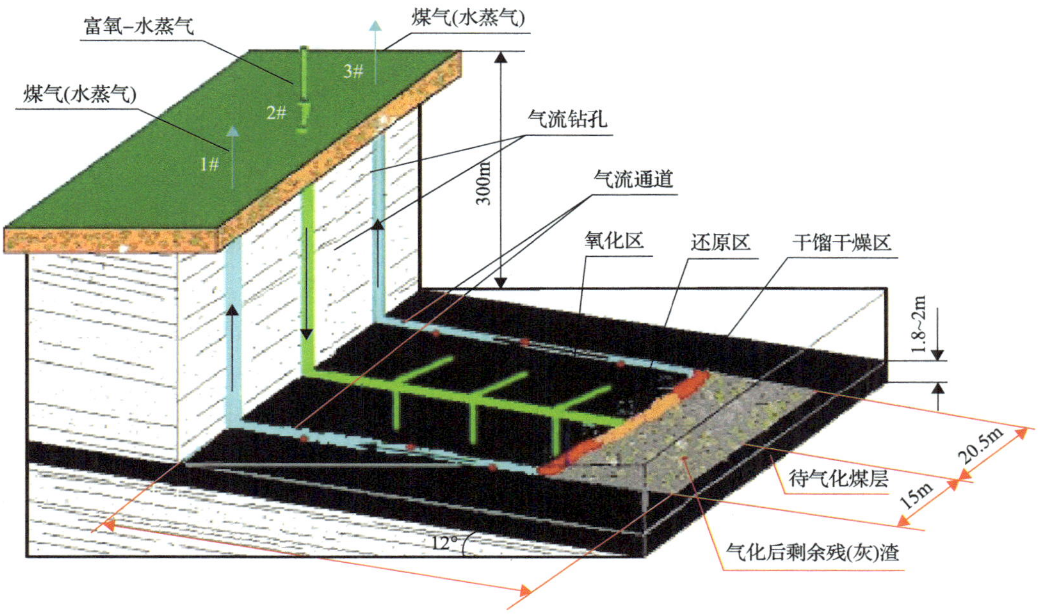

图 2-13　鄂庄煤矿地下气化现场试验气化炉结构

表 2-12　不同富氧浓度下平均煤气组分、热值及日产气量

氧气浓度/%	日产气量/万 m^3	平均煤气组分/%						热值/(MJ/Nm^3)
		H_2	CO	CH_4	CO_2	N_2	O_2	
30	4.04	22.8	11.6	9.8	23.9	31.6	0	7.48
40	5.14	29.8	15.6	8.9	23.8	21.0	0	8.43
50	4.44	27.1	16.0	9.0	25.3	32.6	0	8.22
60	3.77	29.8	17.0	9.8	30.9	21.1	0	8.92
80	3.11	32.3	20.3	9.4	35.2	17.1	0	9.49

40%的富氧与水蒸气气化平均日产气量达到了 5.14 万 m^3。

(七)重庆中梁山北矿地下导控气化工业性试验

2005 年在重庆中梁山北矿高瓦斯、滞留煤层进行了地下导控气化试验，所生产的富氧煤气热值达 11.50MJ/Nm^3 以上，产气过程连续稳定，形成了具有产业化推广应用前景的“煤炭地下导控气化开采”新工艺，解决了地下气化开采过程的蓄能定向燃烧、扰动影响可控、采动损害治理、清洁安全生产和提高资源回采率的关键技术问题，其尤其适用于“三下一上”压煤、弃采薄煤层气化开采。图 2-14 是重庆中梁山北矿地下导控气化工业性试验系统图(黄温钢，2014)。

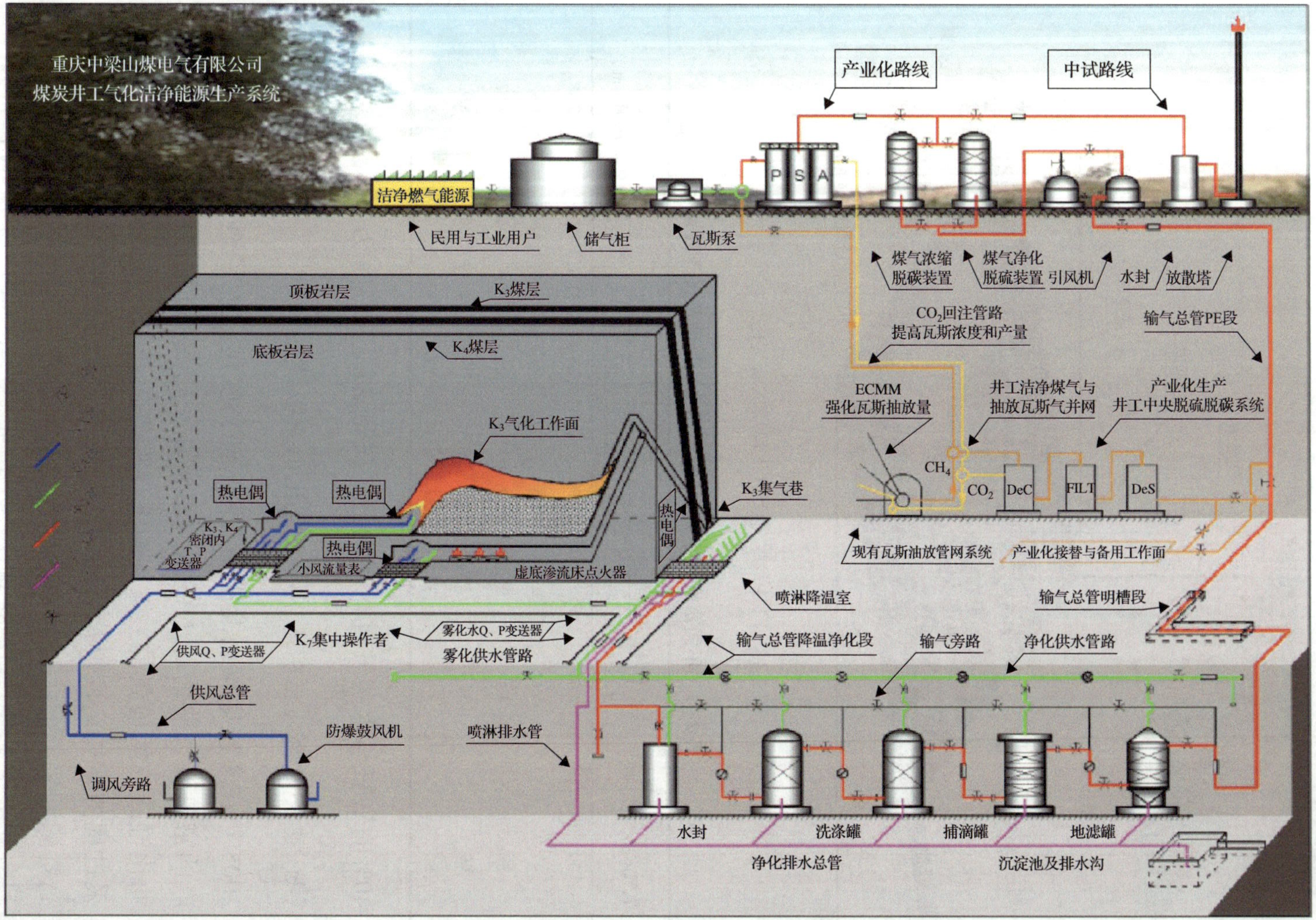

图 2-14 重庆中梁山北矿地下导控气化工业性试验系统图

（八）甘肃华亭安口煤矿地下导控气化工业性试验

2009 年 4 月～2010 年 12 月，中国矿业大学在甘肃华亭安口煤矿进行了地下导控气化工业性试验。

2009 年 4 月开工建设，2010 年 4 月完成各类设备安装，并开始气化炉点火和发电机组调试运转。该项目年气化难采煤量 1.8 万 t/a，日产（低富氧蒸汽连续法）煤气 20.4 万 m^3/d，煤气热值 5.65MJ/Nm^3，煤气可装机 4000kW，工业性试验实际装机 1000kW，整个气化过程产气稳定、发电运行平稳可靠。

2010 年 11 月，在甘肃省科学技术厅的组织与主持下，该项目进行了科技成果鉴定。鉴定委员会一致认为，该项目在地下煤层燃烧高效稳态蔓延导控技术方面达到了国际领先水平。

图 2-15 是甘肃华亭安口煤矿地下导控气化工业性试验井上下对照图。

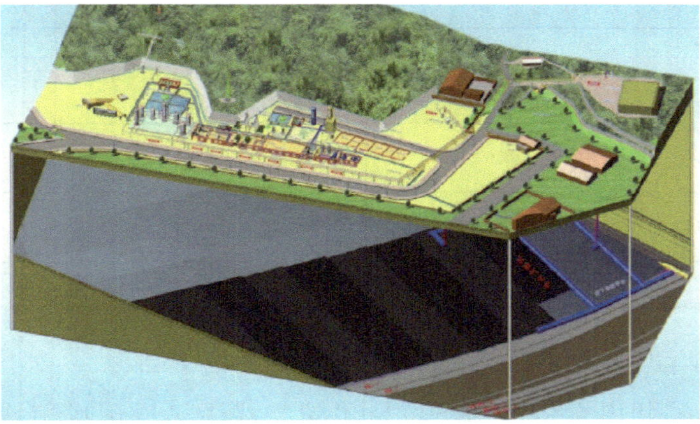

图 2-15　甘肃华亭安口煤矿地下导控气化工业性试验井上下对照图

表 2-13 是甘肃华亭安口煤矿地下导控气化不同工艺下平均煤气组分、热值及产量。

二、存在的问题

国家能源局在《煤炭清洁高效利用行动计划（2015-2020 年）》中明确指出，推进煤炭地下气化示范工程建设，探索适合我国国情的煤炭地下气化发展路线，国家发展和改革委员会、国家能源局在《能源技术革命创新行动计划（2016-2030 年）》中明确指出，研究气化煤层的赋存条件判识，以及高可靠性的地下气化炉燃烧工作面位置监测方法，研发拉管法后退式注气装备与工艺，以及地下气化的燃空区充填及气化工作面组的接替技术与工艺。要实现上述目标，仍存在以下主要问题。

表 2-13　甘肃华亭安口煤矿地下导控气化不同工艺下平均煤气组分、热值及产量

气化工艺	注气组分/%			煤气组分/%							煤气热值/(kcal/Nm³)	煤气热值/(MJ/Nm³)	注气总流量/(Nm³/h)	煤气总流量/(Nm³/h)
	O_2	水蒸气	N_2及其他	H_2	CO	CH_4	CO_2	O_2	N_2及其他	C_mH_n				
空气连续法	20.60	0.00	79.37	16.34	12.73	1.51	17.51	0.00	51.66	0.25	978.60	4.10	4999.80	7668.00
空气蒸汽连续法	16.93	14.79	68.26	19.56	13.93	1.98	14.33	0.00	49.89	0.31	1147.96	4.81	6450.00	8041.80
低富氧蒸汽连续法	26.41	15.58	57.98	20.61	18.02	2.10	19.04	0.00	39.82	0.41	1326.86	5.56	6400.20	8548.80
中富氧蒸汽连续法	34.43	17.58	47.97	25.37	22.13	2.30	21.16	0.00	28.57	0.47	1601.68	6.71	3799.80	5241.00
纯氧蒸汽连续法	40.00	60.00	0.00	36.19	29.61	3.52	25.73	0.00	4.46	0.49	2214.63	9.27	2299.80	2851.20
两阶段法 鼓空气	20.60	0.00	79.37	14.07	10.26	1.46	15.75	0.00	58.28	0.18	828.79	3.47	7336.20	122.27
两阶段法 鼓蒸汽	0.00	100.00	0.00	42.31	26.12	7.01	19.26	0.00	4.82	0.48	2559.37	10.73	2217.00	36.95
热态备炉	20.60	0.00	79.37	15.81	12.01	1.28	18.76	0.00	52.02	0.12	901.44	3.78	1200.00	1827.60

1. 规模化生产技术不完善

我国废弃矿井煤炭资源地下气化虽然完成了多次现场工业性试验，但生产规模小，生产时间短，未能实现规模化、长期连续稳定的产业化生产，因此要加强科研投入，进行规模化生产过程重大科技问题的研究。

2. 缺乏废弃矿井煤炭资源重新启用的相关政策

目前，矿井废弃后，采煤设备已进行了回收，停止了通风和排水，甚至将矿井封闭，重新启用矿井难度较大，审批困难。因此，缺乏针对矿井废弃前做好煤炭资源地下气化回收的工程准备工作的相应政策。另外，矿井废弃后煤炭资源的矿权不清晰，使项目审批困难。

3. 项目评审缺乏相应的规范

煤炭地下技术可以认为是一种特殊的煤炭开采技术，但又涉及煤炭地下燃烧和气化过程，行业交叉较大，使煤炭地下气化项目的可行性研究评审、环境评价等工作缺乏相应的规范，评审难度大。

第三节　煤炭地下气化开发利用战略

一、我国废弃矿井煤炭地下气化开发利用前景

（一）我国废弃矿井煤炭资源丰富

废弃矿井煤炭资源，系指煤层在地下开采过程中，能够利用却被丢在井下、不能采出的那一部分煤炭，它的构成从程序上分，有设计损失和实际损失，设计损失包括全矿性永久煤柱损失、开拓煤量损失、准备煤量损失、回采煤量损失、采出煤量损失。实际损失系指在生产过程中，由于各种原因，而被丢在井下的那一部分煤炭，从直观上看可分为以下几种损失：①全矿性永久煤柱损失，如工业广场、风化带、老窑矿井边界、地质构造、河流及建筑结构物的保护煤柱；②水平或煤层运输大巷煤柱；③采区上（下）山煤柱，上（下）山绝大部分都布置在煤层里；④面积损失，包括区段煤柱损失、采区边界损失和构造复杂的块段损失；⑤厚度损失，主要是指护顶煤、护底煤。

山西省2005～2009年累计关闭矿井3603处，2012～2017年累计关闭矿井172处。安徽省2011～2017年累计关闭煤矿63处；以安徽两淮矿区为例，到2018年底，去产能及关闭矿井数量达到20处，这些矿井的剩余煤炭资源量达15.3亿t。黑龙江省2005～2017年公告关闭矿井共1116处，仅2016年黑龙江龙煤矿业控股集团有限责任公司就废弃了荣华煤矿、梨树煤矿、二道河子煤矿、张新煤矿、兴山煤矿、新岭煤矿、七星煤矿、安泰煤矿、桃山煤矿、东风煤矿10处矿井，废弃煤炭资源量为25738万t。贵州省在“十一五”和“十二五”期间，煤矿数量从2005年的2338处减少到2016年的571处，关闭1767处。云南省截至2007年底共有1368处煤矿，截至2017年6月共有195处煤矿，关闭矿井1173处。四川省2006年共有煤矿数量2252处，截至2017年6月有440处，关闭矿井1812处。1997～2007年，10年间新疆已关闭1300处小煤矿，2016年新疆关闭退出煤矿21处，2017年淘汰关闭退出煤矿113处，退出产能1160万t/a。

2016年以来，陕西省渭北老矿区“去产能”按照既定要求进行，目前已形

成报废矿井、退出矿井、保留矿井三种类型；渭北老矿区所辖矿业公司现已报废矿井 8 处，遗留地质储量 11888.0 万 t；退出矿井 12 处，退出产能 1190 万 t/a，遗留地质储量 69536.1 万 t，遗留可采储量 28506.6 万 t，见表 2-14 和表 2-15（陕西省煤田地质集团有限公司，2017）。

表 2-14　渭北老矿区去产能后废弃矿井情况　　（单位：万 t）

序号	矿区	矿井名称	遗留地质储量
1	韩城矿区	象山小井	108.0
2	铜川矿区	王家河煤矿	849.9
3		三里洞煤矿	4176.6
4		史家河煤矿	944.0
5		桃园煤矿	2068.2
6		李家塔煤矿	2324.3
7		前河平硐	1300.0
8	浦白矿区	南头矿	117.0
合计		8	11888.0

表 2-15　渭北老矿区去产能后退出矿井情况　　（单位：万 t）

序号	矿区	矿井名称	产能	遗留地质储量	遗留可采储量
1	澄合矿区	王村煤矿	150	9742.9	3159.34
2		王村斜井	90	6218.9	2134.1
3		二矿分公司	70	5272.2	135.3
4		合阳煤炭开发公司（老区）	60	1432.1	473.64
5		权家河煤业公司	70	3346.9	6.82
6	浦白矿区	朱家河煤矿	90	10508.0	4488.0
7		白水煤矿	105	2945.0	351.0
8	铜川矿区	王石凹煤矿	120	8947.1	6147.4
9		徐家沟煤矿	90	2755.2	657.0
10		鸭口煤矿	90	2903.5	1884.0
11		东坡煤矿	105	6960.2	4133.8
12		金华山煤矿	150	8504.1	4936.2
合计		12	1190	69536.1	28506.6

随着矿井废弃和退出，大量的地面及井下设施闲置，如双鸭山七星煤矿利用井下抽出的瓦斯建立的瓦斯发电站和地面变电所现已停止使用，目前双

鸭山七星煤矿规划利用废弃资源进行地下气化，生产燃气，用于发电，使废弃资源和发电站得到重新利用，并实现经济效益。

(二)废弃矿井可地下气化资源评价

在废弃矿井煤炭资源中不是所有地质赋存条件下的煤层都适合地下气化开采，或者说不是任何煤层气化都会获得较高的能量转换效率和较好的经济效益、环境效益。因此，在选择气化煤层时要对其地质条件进行评价。地质条件评价主要考虑到煤炭地下气化过程中从规划到生产的几个阶段：气化区总体规划设计、气化炉设计、气化运行工艺设计等；气化区总体规划设计主要涉及前期的勘查程度、地质构造、煤层裂隙、资源量、煤层顶板情况，即地质条件；气化炉设计主要涉及厚度、埋深、倾角、稳定性、夹矸，即煤层情况；气化运行工艺设计主要涉及灰分、固定碳含量、黏结性、灰熔点、CO_2反应活性、硫分、着火点，即煤质情况；水文条件、环境影响、矿井安全穿插于上述各个阶段之中。水文条件影响因素包括充水条件、充水特征、富水性、水资源、防治难度；环境影响因素主要包括地下水环境影响和地表沉降；矿井安全影响因素主要包括气化区安全和矿井安全(王雨，2019)。

根据不同条件下煤炭地下气化现场试验的结果，总结出煤层地质条件对煤炭地下气化过程的相对影响程度，并给出了相对分值，见表2-16。

表2-16 气化煤层地质评价参数及相对影响程度

一级指标	二级指标	评价指标分级及其对应的指标值			
		好(90～100分)	较好(75～90分)	一般(55～75分)	较差(＜55分)
地质条件	资源量/(万t/a)	＞30	20～30	10～20	＜10
	煤层顶板情况	极难冒落坚硬顶板	软弱性弯曲顶板或难冒落顶板	中等冒落顶板	易冒落松软顶板
	勘查程度	勘探	精查	详查	普查
	煤层裂隙/d	压裂贯通天数＜7	8～15	15～30	＞30
	地质构造	一类	二类	三类	四类
煤层情况	厚度/m	8～12	＞12或3.5～8	1.3～3.5	＜1.3
	倾角/(°)	5～25	＜5	25～45	＞45
	埋深/m	200～500	500～600	600～700	＜200或＞700
	稳定性	稳定	较稳定	不稳定	极不稳定
	夹矸	1～3	4～6	6～7	＞8

续表

一级指标	二级指标	评价指标分级及其对应的指标值			
		好(90～100分)	较好(75～90分)	一般(55～75分)	较差(<55分)
煤质情况	灰分/%	5～20	20～40	<5	>40
	固定碳含量/%	60～77	77～90或55～60	<55	>90
	黏结性/%	<5	5～50	50～65	>65
	灰熔点/℃	>1500	1250～1500	1100～1250	<1100
	CO_2反应活性/%	>70	50～70	30～50	<30
	着火点/℃	<300	300～400	400～500	>500
	硫分/%	<0.5	0.5～1.5	1.5～3	>3
水文条件	充水条件	第一类	第二类	第三类	
	充水特征	裂隙	岩溶	孔隙	
	富水性/[L/(s·m)]	<0.10	0.10～1	>1	
	水资源	中等	匮乏	丰富	
	防治难度	难度小	难度中等	难度大	

由于影响煤炭地下气化的地质因素很多，且各因素之间的相互影响无法定量描述，因此，在地下气化煤层地质模型评价中应用模糊层次综合评价法，将定性分析与定量分析相结合，把人的主观判断用数量形式表达出来并进行科学处理。

废弃矿井在开发利用前，需对废弃矿井资源条件按地下气化地质评价模型进行评价，确定哪些资源适合，哪些资源不适合。

(三)我国废弃矿井煤地下气化开发利用前景展望

我国废弃矿井煤炭资源丰富，但受煤层地质条件和地下气化技术经济性限制，不是所有的资源都适合地下气化回收，即使如此，如果实现部分回收，对我国煤炭资源的充分利用和能源安全也具有重要意义。

目前，我国废弃矿井中赋存煤炭有420亿t，到2025年煤炭地下气化技术可以实现小规模工业化生产，以日产300万Nm^3合成气的地下气化站为例，每年可回收煤炭资源量约66万t，每年可生产天然气约2亿Nm^3。如果全国建10座煤炭地下气化站，每年可回收煤炭资源量约660万t，每年可生产天然气20亿Nm^3。

到2035年可以实现中等规模的工业化生产，以日产500万Nm^3合成气的地下气化站为例，每年可回收煤炭资源量约 110 万 t，每年可生产天然气约 3.3 亿 Nm^3。如果全国建 50 座煤炭地下气化站，每年可回收煤炭资源量约 5500 万 t，每年可生产天然气 165 亿 Nm^3。

到 2050 年可以实现大规模工业化生产，以日产 0.1 亿 Nm^3 合成气的地下气化站为例，每年可回收煤炭资源量约 220 万 t，每年可生产天然气约 6.6 亿 Nm^3。如果全国建 100 座煤炭地下气化站，每年可回收煤炭资源量约 22000 万 t，每年可生产天然气 660 亿 Nm^3。

二、废弃矿井煤炭地下气化开发利用战略

（一）战略目标

到 2025 年，建立生产规模达到 300 万 Nm^3/d 合成气的煤炭地下气化示范工程，打通综合利用的产业链。到 2035 年，形成完善的规模化生产地下气化炉结构及构建技术、废弃矿井地下气化连续稳定控制技术与装备、废弃矿井煤炭地下气化安全及环保技术、低成本的火区探测及气化过程分析系统，建立生产规模达到 500 万 Nm^3/d 合成气的煤炭地下气化产业化工程。到 2050 年，实现废弃矿井煤炭地下气化技术的推广与应用，建立生产规模达到 1000 万 Nm^3/d 合成气的煤炭地下气化产业化工程，实现废弃矿井煤炭地下气化多联产的目标。

（二）废弃矿井煤炭地下气化技术路线图

我国废弃矿井煤炭地下气化虽然在不同的地质条件下完成了工业性试验，但生产规模达不到支撑一个完整的产业链生产，从而不能实现经济效益。因此，要在不断完善技术的基础上，扩大气化站的生产规模，使之能够支撑产业化生产。图 2-16 是废弃矿井煤炭地下气化技术路线图。

（三）废弃矿井煤炭地下气化工程科技发展趋势

废弃矿井煤炭地下气化工业性试验表明，废弃矿井煤炭地下气化技术是可行的，但仍然存在着单炉产气量小、运行不稳定、运行时间短、对污染物扩散规律认识不清等问题，因此，废弃矿井地下气化技术研究的发展趋势如下。

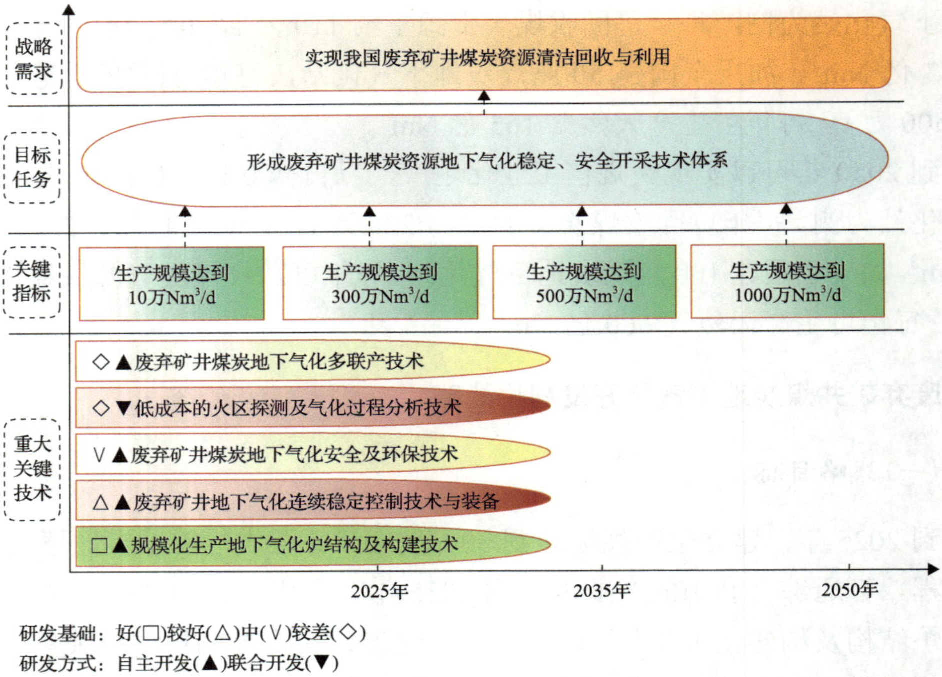

图 2-16　废弃矿井煤炭地下气化技术路线图

(1)研究废弃矿井规模化生产地下气化炉结构及构建技术，提高单炉服务年限和气化站产气量，达到产业化应用规模；

(2)研究废弃矿井煤炭地下气化连续稳定控制技术，提高有效气体组分含量、煤气热值和稳定性；

(3)研究井下注气点移动控制装备，实现地面对地下气化工作面的控制；

(4)研究废弃矿井煤炭地下气化安全技术，保证生产过程中的安全；

(5)研究污染物控制及燃空区管理技术，使煤炭地下气化技术真正成为环境友好技术；

(6)研究低成本的火区探测技术，以实现对气化炉运行状态的了解和控制；

(7)研究废弃矿井煤炭地下气化多联产技术，实现废弃矿井煤炭气化的经济效益。

第四节　煤炭地下气化开发利用科技创新

一、工程科技体系

中国矿业大学(北京)煤炭工业地下气化工程研究中心，在模型试验和现场试验的基础上构建了废弃矿井煤炭地下气化工程科技体系，如图 2-17 所示。

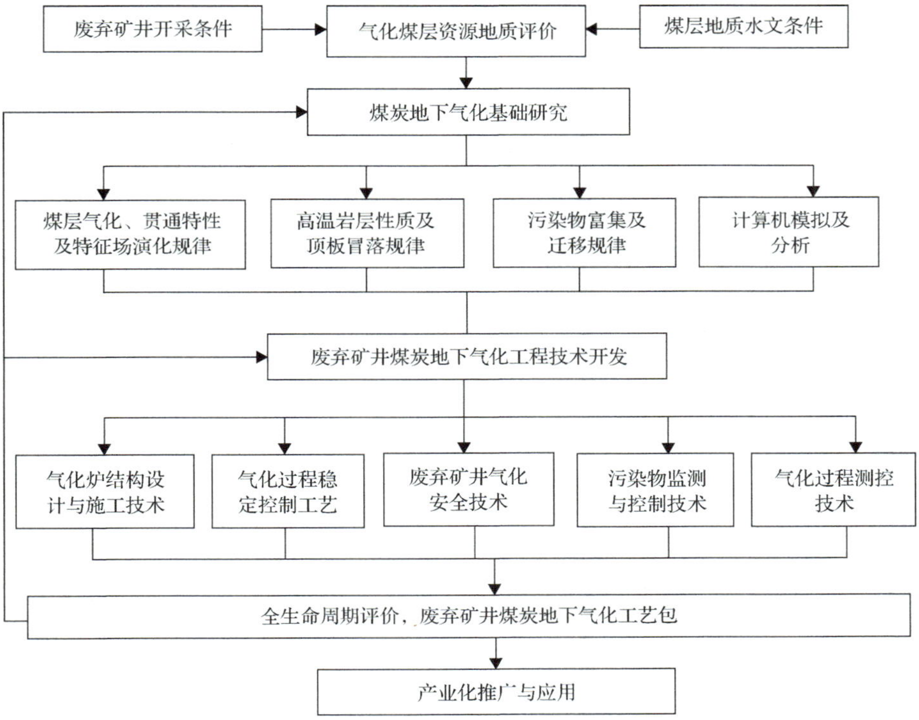

图 2-17 废弃矿井煤炭地下气化工程科技体系

煤炭地下气化技术虽然比传统的采煤技术对煤层有更大的适应性，但不是所有的废弃矿井煤层都可以进行地下气化，有些煤层利用现有的地下气化技术开采不具有经济性，因此要建立地质评价模型，对气化煤层从地质条件、煤层情况、煤质情况、水文条件、环境影响和矿井安全方面进行评价。

从煤炭地下气化原理及实现过程可以看出，煤炭地下气化基础研究主要涉及实体煤层的燃烧、热解、气化、贯通特性，包括气化过程特征场的演化规律及物料、能量平衡模型；涉及煤层覆岩在煤层气化高温作用下的热物性变化及冒落规律，涉及地下煤气化污染物在燃空区的富集及向地层中扩散迁移的规律，包括地下气化过程全生命周期评价模型，涉及计算机模拟及分析系统。上述基础研究可以揭示煤炭地下气化过程的发生与发展规律。

在煤炭地下气化理论研究基础上开发的废弃矿井煤炭地下气化工程技术，主要涉及地下气化工程的建炉技术、稳定气化工艺、废弃矿井气化安全技术、污染物控制技术及地下气化过程测控技术，在上述技术不断完善的基础上，形成煤炭地下气化工业化多联产工艺包，实现煤炭地下气化技术的推广与应用。

二、基础研究

煤炭地下气化过程与地面气化的根本区别在于：①地下气化料层（煤层）不发生移动，而是气化工作面随时间和空间移动，如图 2-18 所示；②地面固定床气化气固相可以均匀接触，各反应区在床层分布稳定，而地下气化各个反应区不仅在横向上扩展，而且在实体煤中纵向扩展，反应区面积不断变化；③地下气化过程当反应区扩展到一程度后，顶板冒落，气化区产生缺损，且惰性岩石和水进入气化区，影响气化区温度和有效的气固反应，如图 2-19 所示；④煤层在氧化、还原和干馏过程中，必然要产生无机及有机污染物，

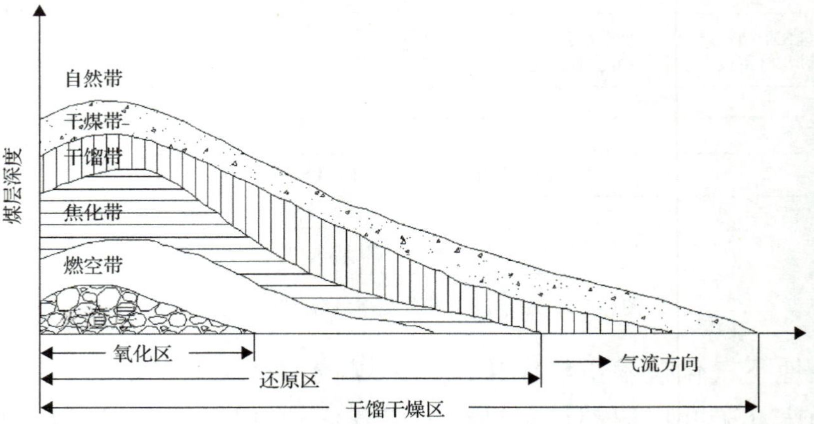

图 2-18　地下气化各个反应区分布示意图

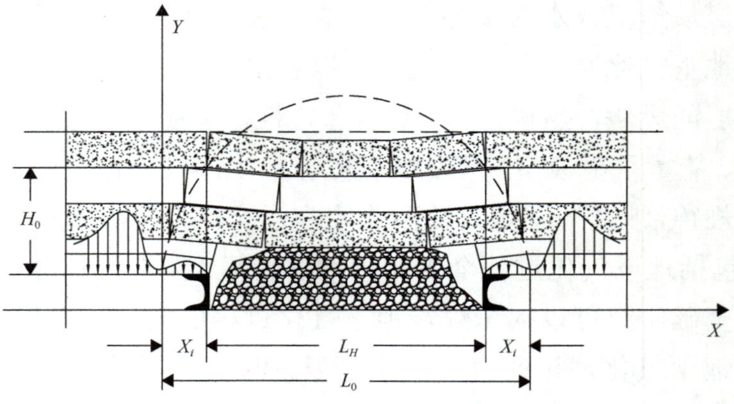

图 2-19　顶板冒落及水侵入示意图

L_H-燃空区宽度；X_i-应力影响范围；L_0-顶板冒落宽度；H_0-顶板冒落高度

污染物在燃空区冷凝水及气化残留物中富集，并有可能向周围地质体中迁移而影响地下环境。上述特征给地下气化研究带来了挑战。

目前，关于实体煤气化的基础研究薄弱，对受内扩散控制的大尺度煤体的热解、气化与煤体的膨胀、破碎及传热传质关联的内在规律研究较少，因此要加强对煤层燃烧、热解、气化特性的研究（Xi et al.，2016）。研究煤层中火区形状、结构变化、扩展规律，以及非均相燃烧过程中物质扩散、传输、传热过程；研究大块实体煤内气体扩散过程，包括气化剂在煤块内的扩散，以及煤层热解和气化产物的释放过程；研究大块实体煤在气化过程中膨胀、孔隙结构变化及破碎成灰过程，以及 CO_2 还原、水蒸气分解速率；研究不同工况条件下，煤层特征速度场、温度场、浓度场的非定常演化规律，并建立运行工况参数的内在关联（王张卿等，2015；Wang et al.，2017）。

地下气化煤层顶板冒落规律不同于传统的矿井开采，地下气化是在高温条件下煤、岩产生热膨胀、破碎和冒落现象，气化炉的顶板和气化通道的控制与管理是煤炭地下气化稳定运行过程中的突出问题。因此，应研究高温条件下煤、岩力学性质及热膨胀、破碎机理；研究气化区煤层顶板在热力作用下的冒落规律及地表沉陷规律，包括气化区煤层上部岩层破坏变形、沉陷和裂隙发育规律，煤层气化厚度对上覆岩层冒落规律的影响等（席建奋等，2015）。

煤层在氧化、还原和干馏过程中，必然要产生无机及有机污染物（包括焦油、多环芳烃、硫、氮、重金属），污染物在煤气、冷凝水及气化灰渣中富集，并有可能向周围地质体中迁移而影响地下环境，必须掌握这些污染物的富集和迁移规律，并对其进行控制和治理，才能确保地下气化炉长期运行，因此应研究废弃矿井煤层热解气化过程污染物析出、富集及迁移规律；研究污染物随气化全流程，以及沿气化工作面的生成、转化及迁移规律，建立污染物析出与气化工艺参数、气化炉状态参数的相关性；研究特征挥发性污染物及特征残留污染物在废弃矿井不同煤系地层介质中的扩散及迁移行为（刘淑琴，2009）。

目前，矿井废弃资源地下气化虽然进行了一些工业性试验，对废弃矿井煤炭地下气化具有重要的指导意义，但对气化过程的分析仍停留在人工分析的基础上，因此只有形成废弃矿井煤炭地下气化过程模拟及分析系统，才能使废弃矿井煤炭地下气化技术得以推广应用。要研究反应区里化学反应、传热、传质、气相流动、液相流动、固相移动等基本规律，明确气固液各相的物性参数和影响因素，掌握气化区扩展的边界条件及影响因素；研究煤气气化温度场、浓度场、压力场可视化技术，实现气化炉状态反演；研究建立废弃矿井地下气化过程分析专业知识库和推理机，总结经验规律、数值模拟结果，并进行标准化、概念化，通过相关的整理，给予一致性和完整性的约束，建立出口气体组分和稳定性与温度场、浓度场、压力场分布和扩展之间的函数关系，构建地下气化过程分析控制系统(梁杰和王张卿，2017)。

三、工程技术

1. 废弃矿井规模化生产地下气化炉结构及构建技术

气化炉是实施地下气化过程的载体,气化炉结构是指拟定气化区域内钻孔的结构形式、钻孔的功能设计、钻孔的用途、钻孔的布置方式，以及气化通道的构建方式和起始气化工作面的位置等,气化炉结构设计不仅关系到煤层的采出率，也关系到气化过程的稳定性，以及气化炉的服务寿命等。

1)长通道大断面分离控制注气点气化炉

长通道大断面分离控制注气点煤炭地下气化技术(long tunnel and large section technology of discrete control injection point for UCG，LLDI)为矿井式气化技术，适用于废弃矿井遗留煤炭资源回收，如图 2-20 所示(梁杰等，2009)。

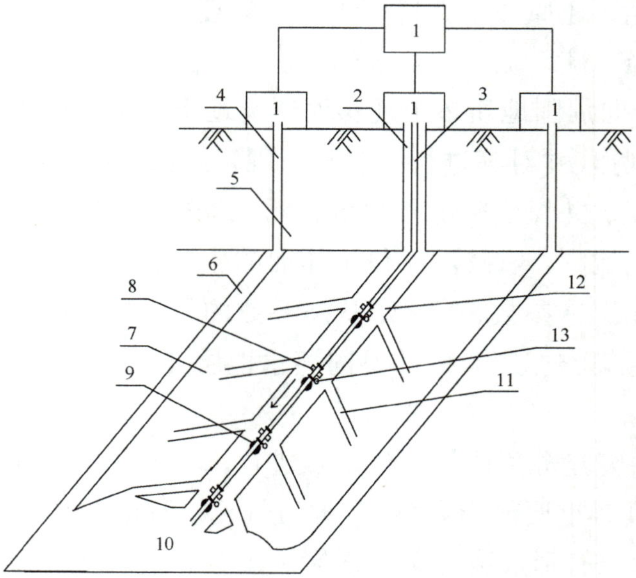

图 2-20 矿井式分离控制注气点煤炭地下气化炉

1-地面控制系统；2-供风孔；3-供氧管；4-出气孔；5-非煤层区；6-煤气通道；7-煤层区；8-注气点控制器；9-支撑煤堆；10-气化工作面；11-盲孔；12-供风巷；13-温度传感器

其工艺核心是：①由供风孔进气，由两侧出气孔出气，将单孔出煤气改为双孔出煤气，提高了单炉煤气产量；②分离供气，向供氧管与供风孔和供风巷之间的环形空间里送入水蒸气，阻断煤层气化区燃烧的热解煤气进入供风巷，有效地防止孔底燃烧和热解煤气进入供风巷与氧气混合发生爆炸；③控制两侧煤炭气化层同步气化，测量两侧出气孔的煤气组分、流量、温度和压力，计算出两侧分别燃烧的煤量，通过出口调节阀，调整煤气压力和流量参数，保证两侧燃烧的煤量相等，实现两侧煤层同步气化；④供气点上移的控制，通过供风巷中供氧管上连接的数个按一定距离分开的电熔翻板式注气点控制器处设置的温度传感器，观察气化工作面的上移情况，随着气化面的燃烧上移，当距离气化面的温度传感器测得的温度大于 800℃时，打开注气点控制器，使供气点上移至一个新的盲孔疏松区，实现供气点的上移控制和对气化工作面的上移控制。

该工艺的有益效果是，防止煤层热解煤气进入供风巷和氧气混合而发生爆炸，保证了气化系统的安全；通过对注气点的控制和疏松盲孔，增加了气化过程的可控性和稳定性。

2）多通道集气气化炉

对于钻井式气化，由基本要素可组成一个单工作面地下气化炉，即“条采炉”，气化通道采用定向井施工，单气化工作面（条采炉）最大进气量可达到 1.2 万～1.5 万 Nm^3/h，产能可达到 20 万～30 万 Nm^3/d，如果要达到规模化生产，就需要建多个“条采炉”。由于“条采炉”只有一条通道、一个出气井，因此“条采炉”控制过程简单，但当气化通道和出气井发生堵塞时，“条采炉”有报废的风险。为了克服上述困难，提高单炉产能和可靠性，采用“面采炉”或“单元炉”。

“面采炉”由多个气化工作面（多个“条采炉”）构成，但各个“条采炉”不是独立的，而是将多个“条采炉”的出气端用集气通道串连起来，多个出气井打在集气通道的一侧或两侧，如图 2-21 所示。“面采炉”可以实现 3 个以上工作面同时气化，单炉产能可达到 100 万 Nm^3/d 以上，各工作面煤气在集气通道中混合，有利于出口煤气组分的稳定，在集气通道中可进行水煤气变换反应，提高 H_2 组分的含量，同时煤气在集气通道中流速较慢，可以降温、除尘、除焦油（梁杰等，2018a）。

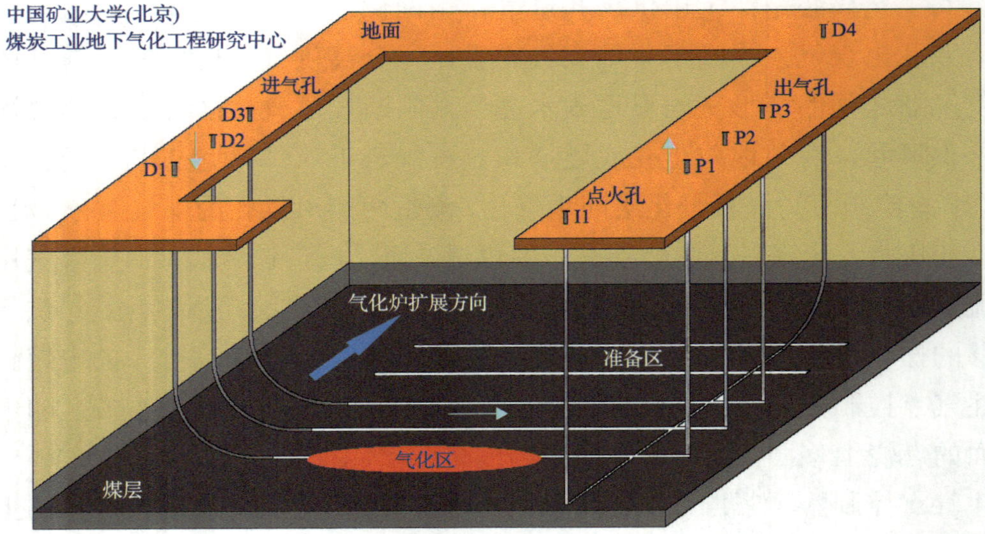

图 2-21 钻井式“面采炉”结构示意图

地下气化“面采炉”主要由 1～3 个点火井、1 个集气通道、多个进气井和多个出气井组成。该气化炉施工工艺制度分为两个阶段，第一阶段为冷态钻井施工阶段，顺序为施工点火井、沿煤层裂隙方向施工水平集气井、施工出气井、垂直煤层裂隙方向施工进气井，也可以同时施工；第二阶段为气化炉构建，首先在点火区压裂、点火，采用逆向气化技术形成点火区，然后对水平集气井注气，与点火区热态贯通，采用控制后退注气点气化技术加工水平集气井，控制燃煤量，使水平集气井达到设计截面积，形成集气通道，最后按顺序压裂贯通进气井和出气井，与集气井相连通。完成气化炉构建后，进入正常生产过程。

对于在井下建设面采炉，可以利用巷道布置控制设备，将巷道作为集气通道，将井筒或在井筒中铺设管道作为进、出气通道。矿井式“面采炉”结构如图 2-22 所示。

两个基本“面采炉”构成一个独立的复合单元炉，两个“面采炉”共用一个集气通道，共用出气井(筒)，从而提高气化炉的生产能力，降低建炉成本。

为了提高集气通道降温除尘的效果，采用变截面流道设计集气通道和出气通道。在气流通道中交错设置防尘蓄热墙，防尘蓄热墙采用蓄热砖砌成花墙结构，从而起到降低煤气中灰尘、焦油，吸收煤气中显热和降低煤气温度的作用。气流通道开凿成变截面气流通道，形成曲面通道，增加了气化反应工作面面积，提高了气化剂分子扩散系数。上述措施能够提高气化反应效率，有效地提高地下气化过程中煤气产量和质量的稳定性。

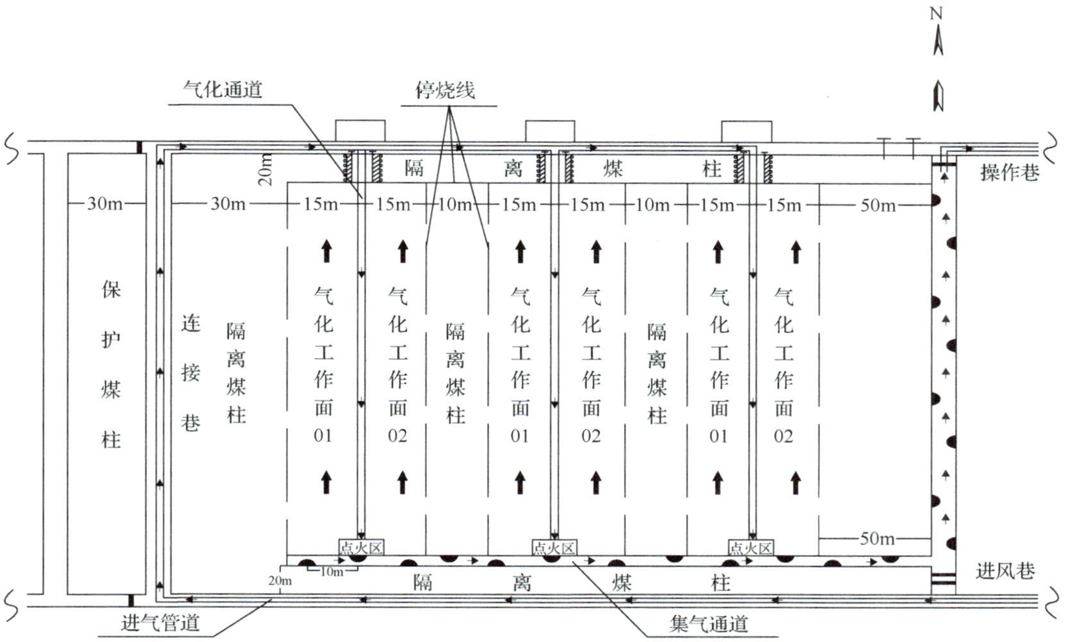

图 2-22　矿井式“面采炉”结构

上述气化炉在工业性试验中只完成了单工作面试验，要实现规模化生产必须多工作面联合气化，研究多工作面气化炉结构及构建技术，具体包括：①多通道集气地下气化炉合理的进气通道、出气通道、气化通道布置，以及不同煤层气化工作面的合理间距；②钻孔结构、固井材料及成孔技术；③定向井气化通道施工方式、支护方式及通道畅通维护技术。

2. 废弃矿井地下气化连续稳定控制技术

煤炭地下气化稳定控制工艺目前普遍采用并认为可行的是注气点后退气化工艺，在注气点后退气化工艺中以分离控制注气点后退-水雾化气化技术最为节能、环保（梁杰等，2017）。

富氧（纯氧）-水连续气化工艺是利用特定的注入和后退装置，将空气、富氧（纯氧）和水按一定的比例连续注入气化炉，根据煤气组分、燃烧煤量和喷头温度调整气-水比及注气点后退的速度，从而实现连续气化。钻井式分离控制注气点后退-水雾化气化过程状态如图 2-23 所示。

为适应矿井式建设地下气化炉的特点，节省投资，将钻井式系统进行改造，形成矿井式分离控制注气点后退-水雾化气化系统，其气化过程状态如图 2-24 所示。

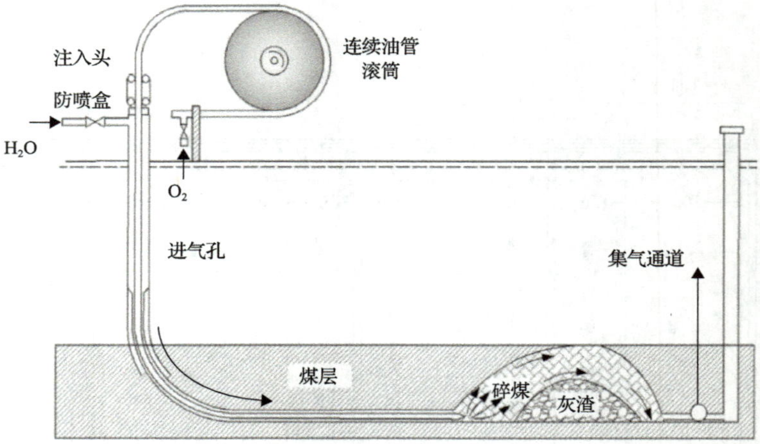

图 2-23　钻井式分离控制注气点后退-水雾化气化过程状态

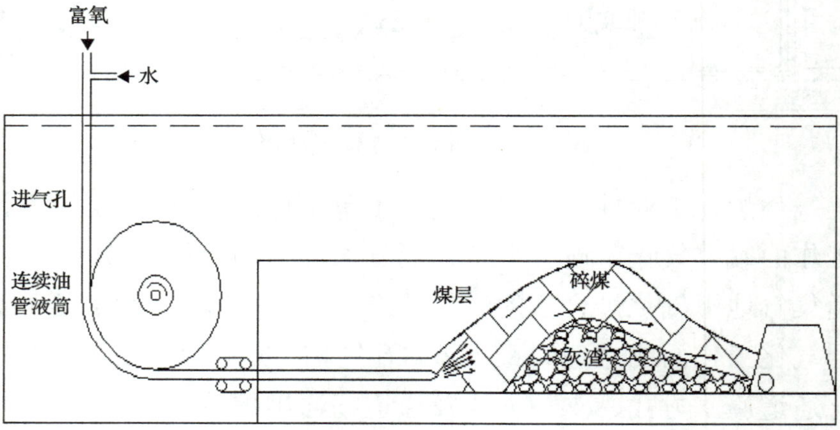

图 2-24　矿井式分离控制注气点后退-水雾化气化过程状态

具体实施方式说明：

设置由煤气出口组分和混合喷头温度为控制指标的变频和液压控制系统，根据出口煤气中的氢含量和富氧（或纯氧）流量反馈控制水泵变频器，从而实现对注水量的调节和控制；根据出口煤气中的有效气体含量和喷头温度反馈控制液压站，对防喷盒、牵引转盘和双套管滚筒进行协调控制，从而实现注气点的连续后退。

采用双套管注气连续管，将气和水分离输送，一般在内套管输气，在内套管和外套管的环形空间输水，或反之，即在内套管输水，在内套管和外套管的环形空间输气；采用防回火水雾化混气喷头，形成防回火水雾，保护喷头，并将水雾化后和富氧或氧气在地下混合作为混合气化剂，喷入气化区，调整气水比，控制煤气组分和气化区温度。

收集的煤气冷凝水、煤气净化和燃空处理废水经污水处理后，利用变频控制的水泵，与双套管分离控制注气点后退-水雾化装置的进水口相连；利用水的自重沿注水通道向下流动，借助水的势能和雾化喷嘴，将液态水转化为径向和轴向流动的水的动能，从而将水雾化。

分离控制注气点后退-水雾化地下气化技术优点如下。

(1)提高地下气化过程的稳定性及连续性。以出口煤气组分和喷头温度为指标，采用变频和液压反馈控制系统，调整气水比与双套管后退时间和速度，实现连续后退和循环气化，提高地下气化过程的稳定性及连续性。

(2)提高地下气化能效。将富氧或纯氧和水分离输送，利用地面到地下水的压力势能和防回火水雾化混合喷头，将水在径向和轴向上雾化，不需要在地面制取水蒸气发生耗能，从而提高了气化过程的能效。

(3)减少地下气化过程的污水排放，节约水资源。雾化喷头可以将处理后的煤气冷凝水、煤气净化废水和燃空区处理废水雾化成气态，喷入高温反应区参与气化反应，节约了水资源。

分离控制注气点后退-水雾化地下气化技术的关键是注气点的移动方式和移动距离，其决定了气化过程煤气组分的波动性，因而在保证煤气组分稳定的前提下，探索合适的注气点移动方式显得尤为重要。为此，要研究注气管后退注气(水)气化稳定控制工艺，具体包括：①煤层气化温度场、压力场、浓度场扩展速度及影响因素；②后退移动注气点气化区分布与扩展控制技术；③后退移动注气点移动速度及控制指标；④富氧-水连续气化工艺参数及控制工艺。

3. 井下注气点移动控制装备

注气点移动装置能通过设置在气化炉外的动力机构，人为控制注气点进行连续式和周期式后退操作；也能以注气点温度为指标，通过变频和液压反馈控制系统，自动调整注气点后退时间和速度，从而实现地下气化过程的连续、稳定和自动控制，如图 2-25 所示(梁杰等，2018b)。

油管卷筒由变频电机、链传动系统、减速机、排管器、支架等组成，连续油管缠绕在滚筒上，当进行操作时，滚筒可以调节连续油管抽出和下放的速度，以配合注入器的速度要求，使连续油管始终保持张紧状态。

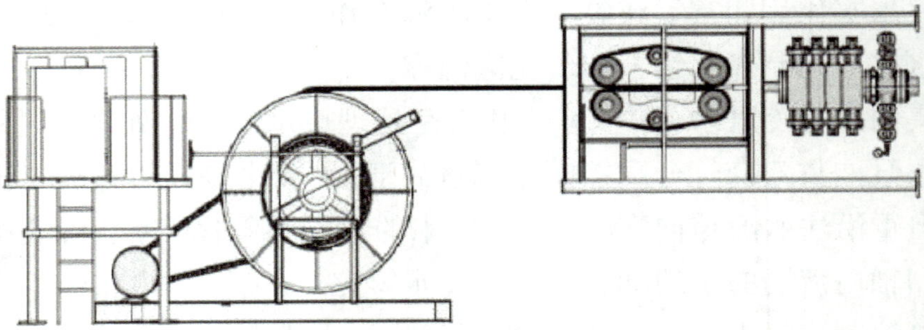

图 2-25　注气点移动控制装置

注入器是连续油管设备最主要的工作部件，其中包括驱动链、夹紧机构等运动部件，两组驱动链由两台变频电机并联驱动，起下油管的速度由电机调节，驱动链对油管的夹紧由一组并联油缸控制，通过调节油缸的压力来控制夹紧力。

在进气口孔口法兰上直接安装的是防喷器组，可以在连续油管起下操作过程中，维持气化炉内压力，防止气体泄漏。孔口注入头夹紧、防喷器的动作都由液压动力完成，而且为了维持恒定的夹紧力，确保防喷器动作可靠，装置配套有液压泵与蓄能器站。

注气点移动控制装备是实现煤炭地下气化生产过程稳定、连续、可控的核心专用装备，该套装备上布置的多个测点将生产运行的地下气化炉内各项工艺参数直接反馈至总控室，通过各个专业分析软件编译处理，可直观表现出气化炉的运行状态，并以此结合前后生产工段各运行参数，实现气化全过程的连续、稳定控制。为此要研究：①双层注气管及测温装置；②注气点后退操作平台；③气化剂及水雾化混合喷头；④装备井下安装及布置方法；⑤反馈控制方法及控制软件；⑥多通道、多测点优化布置、联锁、防爆系统及控制装置集成技术。

4. 废弃矿井煤炭地下气化安全技术

废弃矿井煤炭地下气化的特点是在已开采过的矿井井田内建立地下气化炉，气化区与老采区、老巷道可能存在着“千丝万缕”的联系，当采用矿井式气化时，还需要利用生产矿井大巷进入气化区人工布置地下气化炉。因此，必须研究废弃矿井煤炭地下气化安全技术，制定可靠的安全管理措施。

1）防泄漏

（1）气化区四周设有停采线和安全煤柱。

（2）为切断气化炉与外界的漏风通道，在气化炉与外界连通的联络巷内必须砌筑密闭墙进行封闭。

（3）在建炉时，必须对原有的与气化区有漏风联系巷道的全部密闭墙予以维修，做到严密不漏风。对炉体的泄水密闭墙必须设反水沟，气化过程中也必须做好有关密闭墙的维护工作。

（4）在出气口设置引风机，当有煤气泄漏时，在出气口引风，在气化炉制气区形成负压，将煤气及时引出地面。

（5）在气化工程施工结束至点火之前，必须对气化炉系统和输气管道及装置进行冷态加压气密性试验。冷态试验的目的是检查气化炉的密封性和炉子内部的渗透情况，冷态试验主要包括气化炉静压泄压试验、动态漏失率测定两个步骤。

第一，气化炉静态泄压试验。

关闭出气阀门，通过连续油管内气路向气化炉内鼓风，记录气化炉压力上升速率，当炉体压力升至设计值时，关闭进气阀，维持这一压力，记录压力下降速率。

第二，动态漏失率测定。

打开出气阀门，通过连续油管内气路向气化炉内鼓风，记录气化炉进、出流量及差值，计算气化炉漏失量。观察气化炉进出口及炉体压力变化，试验结果记录备案，计算气化炉相对漏失率：

$$\eta=[(Q_{in}-Q_{out})/Q_{in}]\times 100\%$$

式中，η 为气化炉相对漏失率，%；Q_{in} 为进气流量，m^3/h；Q_{out} 为出气流量，m^3/h。

当气化炉相对漏失率达到标准时，方能进入点火阶段。

（6）一般使气化区的乏风直接进入回风钻孔，以使干扰降到最低限度。

2）防爆

（1）为防止气化炉在点火时发生爆炸事故，点火前必须先鼓风，以新鲜风流冲洗整个气化炉，测定出气口气体组分，在确认炉内气体无发生爆炸危险、瓦斯含量低于规定值时合闸启动点火。气化炉点火期间，撤离井下全部人员。

(2) 地面煤气出口管上设置安全自锁装置，当检测到煤气中氧含量超标时，立即打开放风阀，将煤气排空。

(3) 地面煤气出口管上设置防爆板，当煤气发生爆炸时，防爆板迅速打开泄压，以保护气化炉密闭设施和地面设备的安全。

3) 防火

(1) 在气化过程中，结合测温热电偶监测煤层燃烧宽度，通过调节连续油管的移动速度，控制氧化区不至于移动到边界煤柱上。

(2) 在气化过程中，如果出现保护煤柱燃烧，可采用地面打钻灌注黄泥浆或其他有效的方式及时灭火。

(3) 停火灭炉阶段安全措施

工作面气化结束时，停止注氧，先注惰性气体(N_2、CO_2)，再注水或黄泥浆灭火。达到《煤矿安全规程》要求后，注销火区。在向燃空区注水或黄泥浆时，必须打开出气通道的所有阀门，保持管路畅通。

4) 防水

(1) 根据煤气中 H_2 和水蒸气含量，判断进水量，通过调节注入水量，减少顶板淋水的影响。

(2) 点火点及集气通道设置在坡下，如遇围岩或顶板有较大出水点时，燃空区的顶板淋水自行流入集气通道，不影响气化工作面，集气通道的水通过泄水管和水封自流入回风巷水仓，和煤气冷凝水一起送到地面处理后作为气化剂。

5) 井下控制设备安装大巷安全措施

(1) 控制设备必须防爆，井下控制设备安装大巷必须保持正常通风，进风流和回风流中分别安装 CH_4 和 CO、H_2 监测探头，确保连续不断地监测 CH_4 和 CO、H_2 的变化情况，确保它们在安全规程要求范围内。

(2) 在井下控制设备安装大巷内安装带闸门的水管支管，并配备灭火器。

(3) 在井下控制设备安装大巷内设置电话直通调度室，确保可靠使用。

6) 安全测点布置

以矿井式“面采炉”结构为例(图 2-22)，在操作巷每个连续油管操作硐室中布置 1 组 H_2、CO、CH_4 监测点和可视化探头，以监测连续油管的工作状态。信号上传至测控室。

同时，在进风巷中、连接巷中、回风巷中布置 H_2、CO、CH_4 监测点和可视化探头。

为构建上述安全技术体系，要加强安全技术研究，包括：①密闭墙的结构及施工方法；②不同煤层条件和气化压力下气化炉保护煤柱的宽度、热力影响下裂隙发育和渗透性变化规律；③地下气化混合煤气的爆炸极限和影响因素；④废弃矿井水力联系及控水技术；⑤废弃矿井气化系统安全监测点布置及监控系统；⑥气化炉运行安全操作规程及安全标准。

5. 污染物监控及燃空区管理技术

1）地下水环境监测系统与方案

（1）监测井设计与布置原则。

在地下水污染物监测及预警系统中，监测井是获得地下水水质变化数据的基础。监测井的布井位置、井体结构等各种参数均影响着地下水水质数据的准确性和动态性。所以，监测井的布置原则和井体结构应该根据气化现场的水文地质条件和气化工艺特征来确定。地下水监测井布置原则如下。

A. 径流方向原则

监测井布置要沿气化区域地下水径流方向上下游布置。

B. 圈层结构原则

在径流方向的基础上，考虑不同风险条件下污染物迁移及风险控制，在同一含水层距离气化区不同方向、不同距离处设置检测井，形成圈层结构，对污染物可能迁移空间实行监测控制。

C. 多功能原则

环境监测井不但要满足监测功能，同时还应具备局部污染控制功能（应急处理功能），一旦发生局部的污染物泄漏，要及时控制污染物扩散，最大限度地降低环境污染风险。根据所需功能的要求，钻孔孔径及结构设计要满足多功能要求。

（2）地下水在线监测指标。

地下水在线监测指标有水位、水温、pH、电导率、氨氮、氯离子等。

水位的在线监测可实时反映燃空区顶板含水层水渗入情况；水温的监测可反映出气化区热污染情况，其能够在热传导方面，敏感监测出对地下水的影响情况；pH 的变化与气化过程中气态污染物泄漏相关；电导率反映出含水层离子变化情况；氨氮等反映出地下水污染物迁移情况；氯离子的变化与煤气泄漏至含水层及气化后污染物迁移有关。

(3) 地下水采样方法。

为了掌握地下水环境质量状况变化趋势及监测点位附近水质动态变化情况，需要采集并分析具有代表性的地下水样。采样前需要进行洗井，洗井的主要目的是在采样前以适当流率抽取地下水，抽换监测井中的滞留水，以取得代表性地下水样品。对于补水速率较高的监测井，其抽水速率应小于补水速率，即避免洗井时，水位有明显下降。对于挥发性有机物采样，其抽水速率为不造成浊度增加、气提及气曝等现象的小流量抽水。常用洗井方式有井柱水体积置换法及微洗井两种。图 2-26 为微洗井采样法示意图(刘淑琴，2014)。

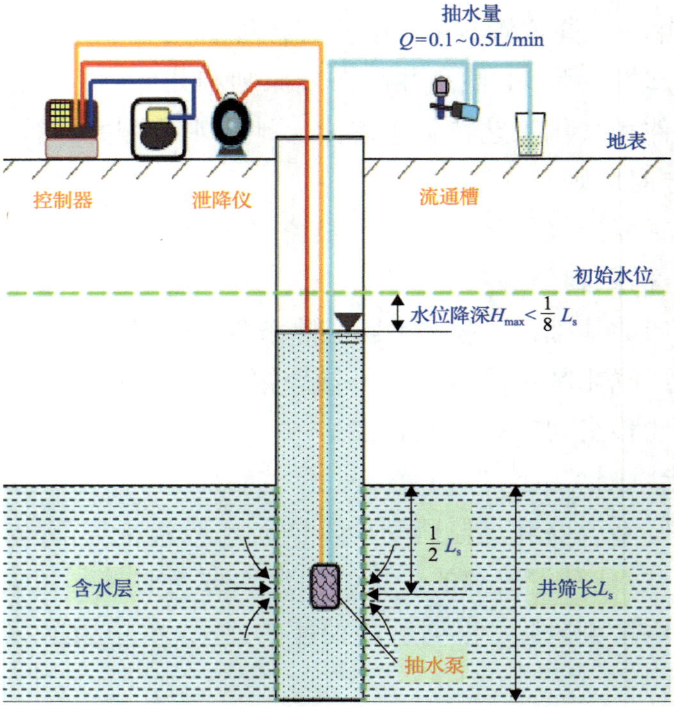

图 2-26　微洗井采样法示意图

2) 地下气化过程地下污染物扩散控制方案

地下气化过程污染物对地下水的影响主要有两个途径：一是在地下气化过程中煤气泄漏，污染物随煤气逸散到含水层；二是气化结束后残留在燃空区的污染物随地下水的流动迁移到含水层，因此气化过程污染控制技术着重于协同气化工艺参数控制污染物的产生及向地层的逸散(荆恬，2019)。主要环节包括气化过程的压力控污、改变气化剂控制污染物的生成、提高气化强度控制污染物的生成。此外，气化结束后对燃空区污水进行抽提处理，并且一旦发生污染事故时，有相应的应急处理方案。

(1)气化过程压力控污。

在煤炭地下气化过程中，污染物的迁移受多种因素制约，如水文地质条件、污染物物理化学特性、气化压力等气化参数。由于气化过程中污染物主要随煤气进行逸散与迁移，因此可通过控制气化工艺过程中气化压力的大小，实现对地下污染物迁移的控制。

其基本的原理是控制气化压力小于或等于煤层静水压力，将污染物封闭在气化反应区内，而不向外迁移，反应区由水蒸气圈紧密封闭。理论上，如果对反应区内的操作压力进行了合理控制，在气化过程中主要的污染物泄漏将可能得到合理控制。这是因为：①地下水作为气化过程的一部分原料被消耗，因此在反应区周围的地下水可能形成降落漏斗，这意味着水将流入反应区中。②即使反应区压力增加到足以让向外产生的压力梯度促使地下水流流向反应区以外的地方，但是由于围岩渗透性的限制，液相污染物从反应区向外迁移最多也不会超过几米，除非长时间地维持高压。

(2)改变气化剂组成控制污染物的产生。

工程上为了提高煤气热值，根据气化过程需要，可采用不同组分气化剂。提高气化剂中的氧气含量，即采用富氧气化，增加气化煤表面的氧气浓度，加快煤的燃烧速率，提高气化(氧化、还原)区的温度，进而强化气化过程。气化炉温度提高使得 CO_2 与水蒸气的还原速率增加，煤气中有效组分含量增加，煤气热值提高。富氧气化，炉温的升高也使得气化过程产生的污染物(主要为干馏干燥区产生的有机物)受热分解或与氧气结合发生氧化反应，从而减少污染物的产生与析出，降低污染治理难度。

(3)提高气化强度控制污染物的生成。

煤气化过程中，气化强度是气化过程的重要评价指标之一。对于特定的气化工作面，气化强度的增强不仅可以改善气化工况，而且可以在提高煤气有效组分的同时，最大限度地增加燃烧的煤量，控制热解煤量的比例，从而降低污染物的生成量。

(4)污染应急处理技术。

地下水污染的处理主要有异位处理技术和原位修复技术。

典型的异位处理技术是抽提处理技术，它是去除和抑制地下水有机污染物最为广泛的一种方法。抽提处理技术是根据大多数有机物密度小而浮于地下水上层的特点，不断地抽取地下污水，使污染晕的范围和污染程度逐渐减小，然后利用地表污水处理技术净化抽取出的污水。该方法适用于轻质污染物的修复，其处理效果受抽出速率和后续处理设备等因素的影响，在污染初期有良好的应用成效。抽提处理技术的优点为简单、易操作，对地下水有机污染事件能做出快速反应。

原位修复技术是指不移动受污染的介质(地下水)，直接在发生污染的原有位置进行修复处理的技术。原位修复技术最大的特点是原位、对环境扰动小。适合地下气化的原位修复的方法有曝气修复法、原位氧化法、微生物修复法。曝气修复法是通过注水管，利用曝气泵，将空气喷入水位以下，通过一系列运输和传质过程，使部分污染物从地下水中挥发脱离。原位氧化法是利用氧化还原反应，就地将有害污染物转化为无害或毒性较低、稳定性更强、移动性减弱的化合物的技术。微生物修复法是利用土壤微生物或人工特别培养的细菌，在可调控的环境条件下，将有毒有害污染物通过微生物的好氧或厌氧降解，转化为无毒无害物质的处理技术。

3)燃空区管理

燃空区管理一般采用“边气化边充填”的工艺，燃空区充填不仅可以减少气化区顶板冒落，而且可以通过充填材料包埋燃空区灰渣，减少对地下水的污染，其是煤炭地下气化工程中一项重要的环保措施。地下充填法，即向地下发生污染的区域注入充填物，目前传统的充填系统主要包括干式充填、水力充填和胶结充填。单纯的干式充填成本低但劳动量巨大，效果较差；水力充填需消耗大量水资源；胶结充填系统是目前应用最多、效果最好且成本相对较低的充填系统，其中高水材料胶结充填系统被普遍采用。

因此，针对废弃矿井煤层地下气化的特点，保证气化过程环境安全，要研究：①煤层热解气化过程污染物析出及富集规律；②污染物迁移行为及地下水污染预测方法；③地下水污染监测预警及污染控制技术；④污染物处理处置及燃空区充填管理技术。

6. 低成本的火区探测及气化过程分析技术

煤炭地下气化虽然进行了大量的试验研究，但还没有建立完善的出口气体组分和稳定性与煤层地质条件、地下气化区温度场、浓度场、压力场分布和扩展之间的相关关系，这给煤炭地下气化过程分析带来了难度。

1)气化区测点布置

在每个注气管喷嘴设置 1 个温度测点，用以监测喷头温度和注气点温度。在气化工作面上布置温度测点，如图 2-27 所示，用以监测煤层的燃烧宽度。

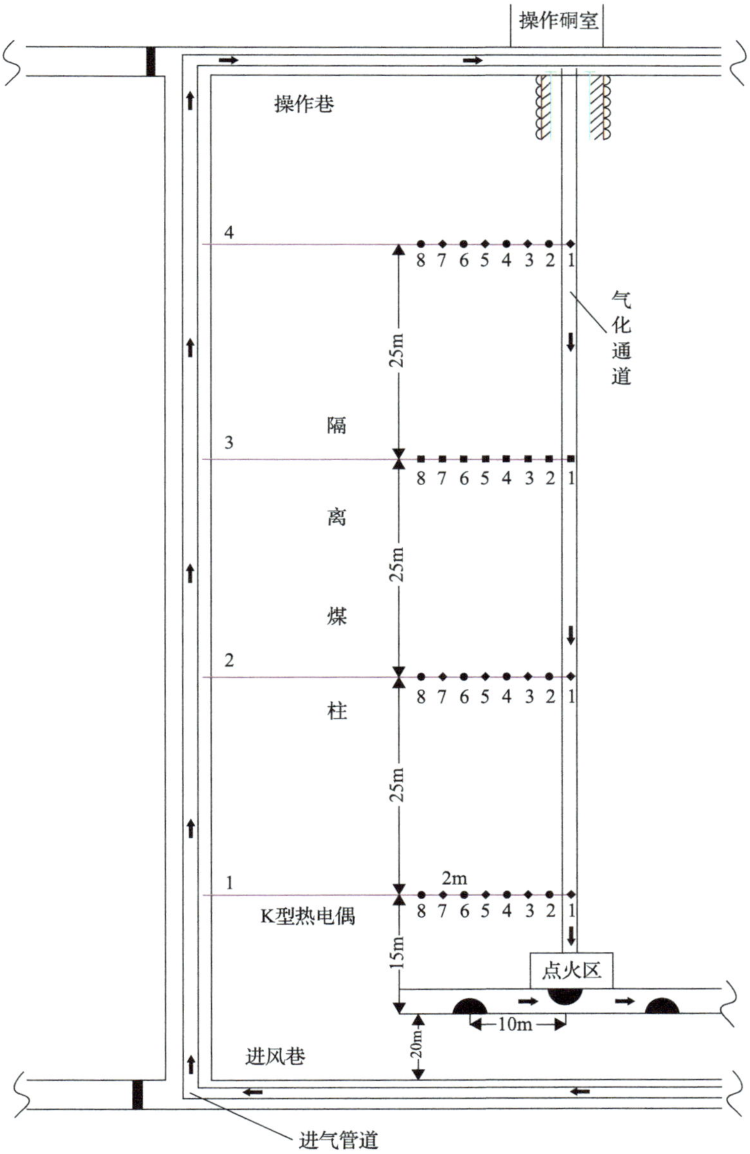

图 2-27　煤层温度测点布置

在集气通道中布置温度测点，用以监测集气通道中煤层及煤气温度，如图 2-28 所示。

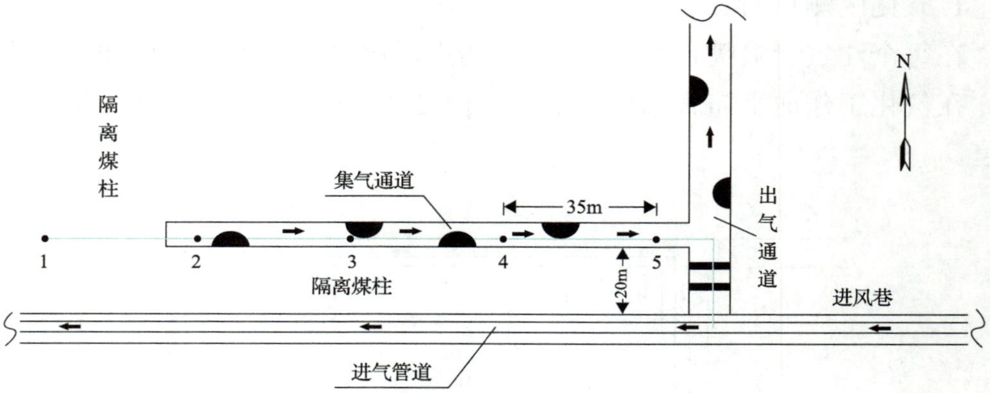

图 2-28　集气通道中温度测点布置

2）数据采集与分析系统

煤炭地下气化过程测控主要是对地下气化炉状态进行监测和控制，实现地下气化炉控制的关键：一是建立气化炉状态参数检测系统，获取气化炉状态信息，进行关联分析并使其可视化，从而确定气化炉的运行状态；二是建立气化炉状态参数预测与专家分析系统，并对主要工艺参数进行反馈控制，以实现地下气化过程的连续稳定生产。该测控与分析系统总体分为四个部分：数据测量与采集系统、气化炉状态可视化系统、专家分析系统和自动控制系统。图 2-29 为地下气化过程测控和分析系统整体框架与构成。

采用分布式控制系统。设置中央控制室，中央控制室包括机柜室、上位机室等工作房间，并且在 LED 大屏上将生产总貌、工艺数据、煤气成分等数据全部显示出来，以实时监控。

系统搭建硬件网络，实现现场操作、离线数据终端、总控显示等的连接。设置现场就地检测指示仪表和控制室集中数据采集显示，用自动控制阀门来调整工艺参数。

测控系统是调节地下气化过程的重要手段，要研究：①温度测量数据可视化技术，反演火区位置、状态及移动速度；②地下气化过程分析专业知识库和推理机；③出口气体组分和稳定性与温度场、浓度场、压力场分布和扩展之间的相关关系；④工艺参数测量值与阀门开度联锁，实现自动控制。

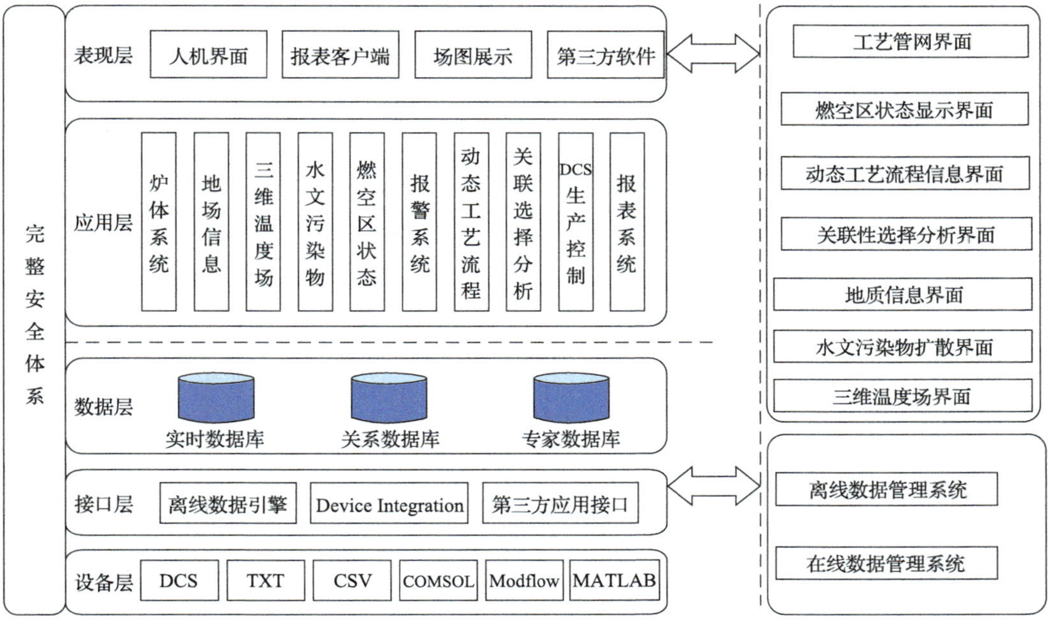

图 2-29 地下气化过程测控和分析系统整体框架与构成

DCS-分布式控制系统；TXT-文本文件；CSV-电子表格；COMSOL-多物理场仿真软件；Modflow-地下水流动模拟软件；MATLAB-数值计算软件；Device Integration-设备集成

7. 废弃矿井煤炭地下气化多联产技术

与地面气化相比，地下气化煤气具有成本低的优势，合理利用地下气化煤气，是进一步提高煤炭地下气化经济效益的重要途径。根据煤气成分和应用条件，地下气化煤气可用于联合循环发电、提取纯 H_2，以及用作化工原料气、工业燃料气等，如图 2-30 所示。

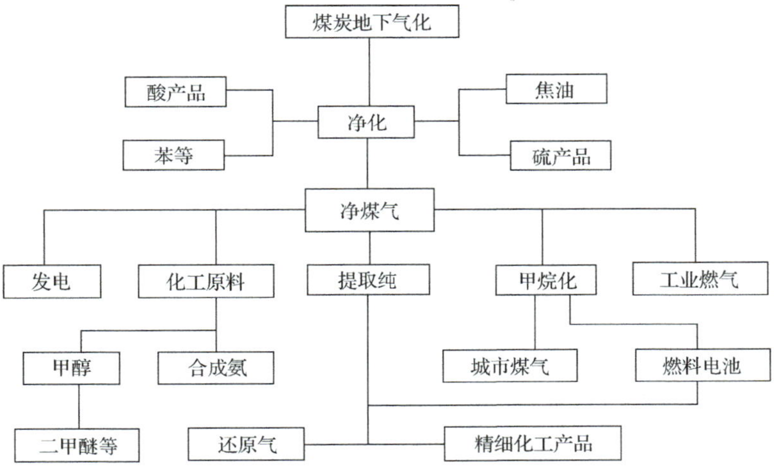

图 2-30 地下气化煤气利用途径

煤气化是煤炭转化的重要形式之一，它在各类生产过程中起着承前启后的作用。煤制化工合成原料气在煤化工中有着重要的地位。国内外正在把煤化工发展成为以煤炭气化为基础的C1化学工业，使煤化工由能源型转向化工型。煤气化制得的合成气($CO+H_2$)用作化学工业的基本原料，其在与石油化工的竞争中不断发展和提高。但煤化工要与石油化工和以天然气为原料的化工合成相竞争，必须以能耗低、投资小的气化技术为基础。而煤炭地下气化技术正是具有这样的特点，通过煤炭地下气化生产合成气，可以充分发挥煤炭地下气化的技术优势，为煤化工的发展提供新的扩展空间。

由于不同煤层赋存条件、不同煤种不同地下气化工艺地下气化煤气的组成有一定差别，因此在工业生产中，需要根据具体情况调整工艺参数，优化工艺流程，保证地下气化煤气中 CO 和 H_2 的含量，且使其比例符合具体的化工合成要求，实现多联产应用。

煤炭地下气化多联产系统一般包括四个部分：地下气化段、煤气变换与净化段、化工合成段和联合循环发电段，如图 2-31 所示(倪维斗和李政，2011)。

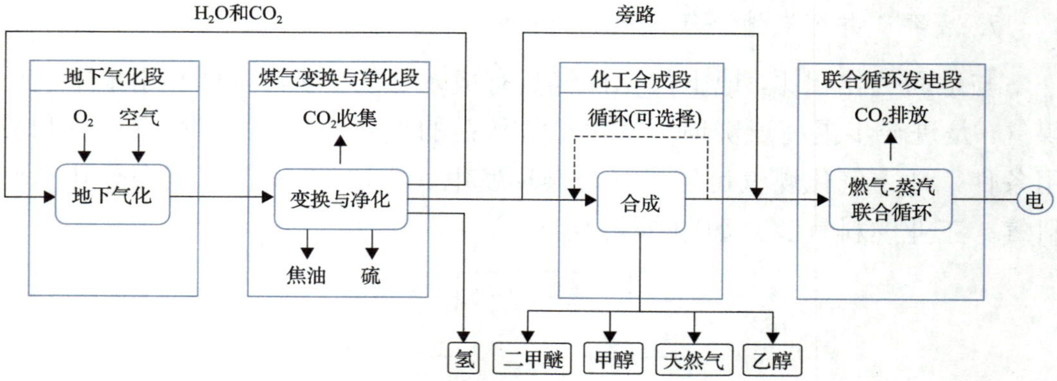

图 2-31　煤炭地下气化多联产系统

煤炭地下气化煤气是以 H_2、CO、CH_4 和 CO_2 为主的合成气，经过净化设备去除其中的焦油及 H_2S 等物质，并回收利用，硫化物可转化为高附加值的单质硫。由于 CO_2 在净化所用溶剂中溶解度较高，因此在净化过程中可以收集一部分高纯度的 CO_2，使得多联产系统具有以较低的成本捕捉 CO_2 的天然优势，为温室气体减排提供条件和途径。

为了满足后续工艺的要求，合成气经过净化处理后往往需要进行变换反应，将部分 CO 变换为 H_2，以达到合适的 H_2/CO 比例。在需要 H_2 作为输出产品时，可以将 CO 完全转化为 H_2 和 CO_2，并分离，从而实现 H_2 的生产和 CO_2 的捕捉。

化工合成段产品可以是天然气、甲醇、二甲醚、费托液体、乙醇或其他燃料和化工产品。和传统的单一生产相应产品的系统相比，其特点是可以采用合成气一次通过的运行方式，简化了系统，降低了运行能耗。

在联合循环发电段，当生产规模较小时，可采用内燃机发电，当生产规模较大时，可采用燃气-蒸汽联合循环发电。

上述四部分因连接方式的不同，可分为串联和并联两种基本布置方式：当发电系统只燃用来自化工合成段的尾气时，称为串联布置；当发电用的燃料一部分来自化工合成段的尾气，另一部分直接来自净化段时，称为并联布置。在利用地下气化煤气合成化学产品的工艺流程中，原料煤无须处理，煤气出口温度一般较低，使整个合成路线趋于简化。

大部分煤种地下气化煤气中甲烷含量较高，可进行分离甲烷，制液化天然气(LNG)，使生产系统简化。图 2-32 是 LNG-电联产系统，图 2-33 是 LNG-H_2-CO_2 联产系统。

煤气净化回收副产品，并脱除 CO_2，分离 CH_4 制 LNG，CO 和 H_2 用于发电。

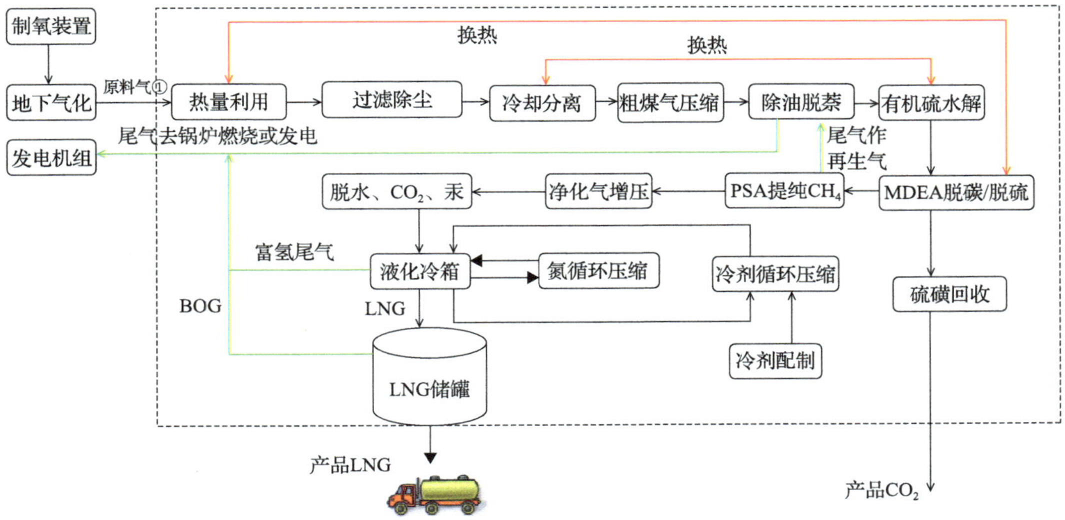

图 2-32　LNG-电联产系统

PSA-变压吸附；MDEA-*N*-甲基二乙醇胺；BOG-LNG 蒸发气体

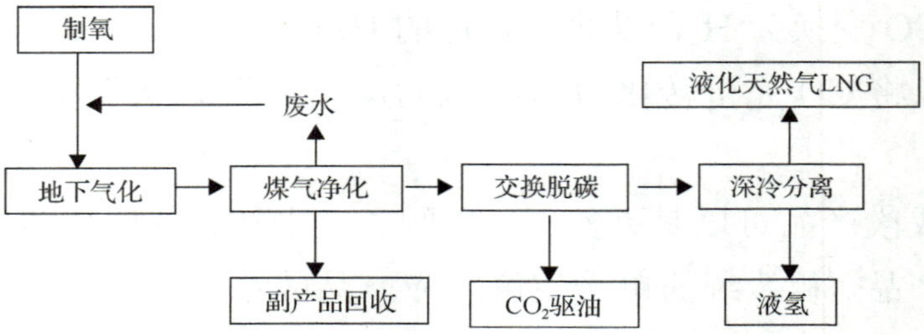

图 2-33 LNG-H_2-CO_2联产系统

煤气净化回收副产品，CO 完全变换成 H_2 和 CO_2，并脱除 CO_2，分离 H_2 和 CH_4，制 LNG 和液氢。在油田附近的地下气化站，可将 CO_2 用于驱油（梁杰等，2016）。

煤炭地下气化多联产系统能够实现煤炭地下气化工程更高的能量利用效率和更好的经济效益，但目前还没有煤炭地下气化多联产系统投入运行，因此要研究：①煤炭地下气化多联产系统的特性和设计规律，在多联产复杂和繁多的子过程特性中简化和提炼出系统层次特性，并将其按照重要程度、因果关系和先后次序组合成满足系统特性的过程和模型；②煤炭地下气化多联产系统综合分析和评价准则，多联产系统是一个多输入、多输出的热力系统，需要研究建立一套用于多联产系统的科学合理的多产品、多准则、多目标的分析方法和准则。

四、机制创新

（一）建立废弃矿井煤炭资源开发利用国家级信息数据库

对废弃矿井数量、地理位置、封存状态、煤炭资源量、水文地质条件、开采状况、周边经济及社会发展状况等基本信息进行系统调研，获取废弃矿井煤炭资源的详细数据，建立科学的评估方法，尽快建立废弃矿井煤炭资源信息数据库，实现动态信息跟踪管理，并适时提出废弃矿井煤炭地下气化优先级清单，为国家决策提供支撑，为废弃矿井煤炭资源开发利用提供科学依据。

（二）制定废弃矿井关闭和重新启用的相关法规

为促进我国废弃矿井煤炭资源开发利用，国家应完善煤矿退出或关闭时的闭井标准，在闭井标准中充分考虑矿井废弃后煤炭资源地下气化工程建设，保留必要的设施，做好井下再施工的准备。对于已关闭的废弃矿井，若具有再开发利用的经济价值，在保障安全生产和生态环境保护的条件下，应制定废弃矿井再打开的标准。采矿权终止后，应明确废弃矿井井下资源再开发利用的许可条件，明确已关闭或即将关闭的废弃矿井重新启用的条件、审批程序，使废弃矿井重新启用有法可依。

(三)建设废弃矿井煤炭资源地下气化开发利用国家示范工程

针对大型国有退出矿井，由所有单位联合科研机构、能源企业、化工企业及电力公司建设废弃矿井煤炭资源地下气化开发利用国家示范工程；将国家示范工程列入国家重点研发计划，开展协同攻关，破解科技难题，积累工程经验和培养技术人才；以示范工程为基础，促进废弃矿井煤炭地下气化开发利用装备、设计、施工及运行技术的发展，并制定行业标准及规范。

(四)探索新型投资机制和商业模式

废弃矿井煤炭地下气化开发利用对提高我国煤炭资源的利用率和利用水平意义重大，各级政府在政策和资金上应予以大力支持。废弃矿井遗留煤炭资源量相对较少，中小民营企业投资开发的热情较高，因此简化审批流程，加大政府财政补助十分必要。我国今后应积极探索废弃矿井煤炭气化开发利用项目建设、运营等的新型投资机制及商业模式，为废弃矿井煤炭气化开发利用项目提供广泛的资金支持和灵活的政策保障。

第三章

废弃矿井可再生能源开发利用战略与工程科技研究

第一节　我国可再生能源开发利用现状与问题

一、太阳能

太阳能利用主要有光热转换和光电转换两种方式。通常根据所能达到的温度和用途的不同，把太阳能光热利用（图 3-1）分为低温利用（＜200℃）、中温利用（200～800℃）和高温利用（＞800℃）。其适合在废弃矿井周边有需要热源的区域小规模应用。太阳能发电主要有以下两种：光—热—电转换、光—电转换。

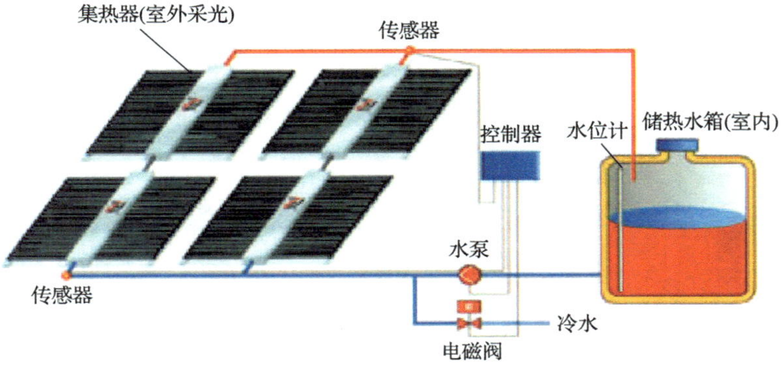

图 3-1　光热利用原理图

光—热—电转换一般是用太阳能集热器将所吸收的热能转换为工质的蒸汽，然后由蒸汽驱动汽轮机带动发电机发电，前一过程为光—热转换，后一过程为热—电转换（图 3-2）；光—电转换是将太阳辐射能直接转换为电能，最常用的即光伏发电（图 3-3）。

（一）开发利用模式

相对于光伏发电，太阳能光热利用对安装基础和热能传输等要求较高，最好就近使用，不适宜远距离传输，对于满足开发利用条件的废弃矿井可以根据要求进行开发利用，但国内绝大多数的废弃矿井都远离热能需求场所，不具备开发利用条件；另外，太阳能光—热—电利用需要配套建设蒸汽机组、发电机组、冷却塔等，对地基稳定性同样要求较高，而废弃矿井塌陷区土地一般难以满足要求，所以暂不对光热利用及光—热—电利用进行深入研究。由于光伏发电对土地地形、地基等的适应性强，且在不同地区已得到广泛利用，本书涉及的太阳能开发利用主要是指光伏发电。

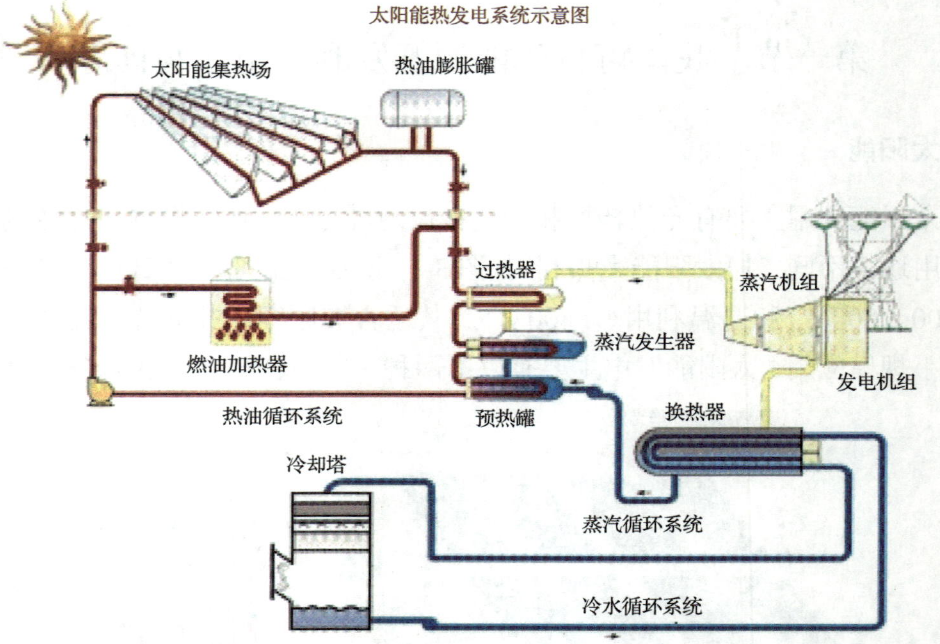

图 3-2　光—热—电转换利用原理图

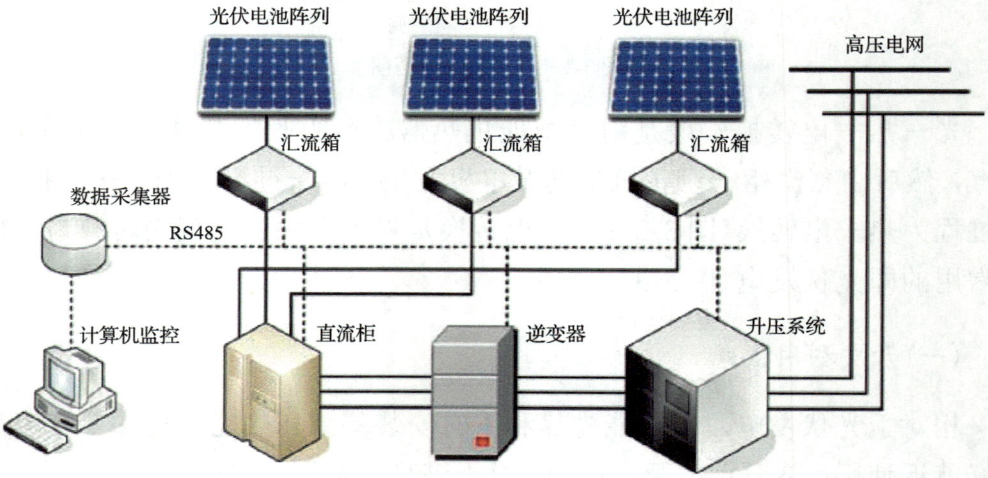

图 3-3　光—电转换原理图

结合调研来看，国内废弃矿井太阳能光伏发电的利用模式主要有以下三种。

1. 光伏+生态治理模式

废弃矿井太阳能利用中，光伏+生态治理模式的典型代表为林光互补模式。例如，大同采煤沉陷区光伏项目采用了林光互补模式。大同市发展和改革委员会在前期工作中，一方面，结合土地利用规划报告编制，对采煤沉陷区土地属性进行认证调查；另一方面，对国家使用林地政策进行认真研究，在此基础上提出探索林光互补一体化用地模式，其得到各级林业部门的大力支持。2015 年 9 月初，《山西省林业厅关于开展光伏发电项目使用林地改革试点的实施意见》成为基地林光互补模式的有力支撑。

基地实施林光互补具有明显好处：一是解决了规模化开发建设光伏项目的用地难题。二是促进了采煤沉陷区环境综合治理。三是生态效益显著。四是采煤沉陷区“借光”重生，政府不用对生态修复进行投入，树木成活率、养护等均由电站投资企业负责。

2. 光伏+水产养殖模式

废弃矿井太阳能利用中，光伏+水产养殖模式的典型代表为渔光互补模式。国内东部一些废弃矿区由于地势低洼、面积广阔、常年存水，是非常好的光伏+水产养殖利用场所。以安徽两淮地区为例，该区域内有近 78 万亩[①]采煤沉陷区，其中有 38 万亩闲置水面，因此该区域沉陷区光伏电站多采用渔光互补模式。其中，其又分为采用桩基固定式和水面漂浮式的水面光伏电站两种类型。

3. 光伏+农业种植模式

废弃矿井太阳能利用中，光伏+农业种植模式的典型代表为农光互补模式。山西孝义某 100MW 光伏发电与生态农业结合项目，就是利用现有煤矿废弃基地，利用光伏与农业种植相结合的模式，在太阳能光伏发电的空地上种植紫花苜蓿等中草药经济作物，同时在光伏电池板的阴面种植竹柳和元宝枫等经济性林业作物，用于恢复和改善当地的自然环境，有效地促进农业生产、生态改善与光伏发电的应用结合。

（二）开发利用现状

1. 总体利用情况

利用采煤沉陷区作光伏电站用地，是矿区，特别是资源型城市废弃矿井沉陷区土地利用的新模式，其为煤矿企业转型提供了一种新的思路。对于我

① 1 亩≈666.7m^2。

国多数的废弃矿区，采取相应技术措施后，在采煤沉陷区上建设光伏电站是可行的。

国家政策积极支持在废弃矿井上发展可再生能源，鼓励退出煤矿用好存量土地，盘活土地资源，促进矿区转型发展。国家能源局发布的《太阳能发展“十三五”规划》中也表示鼓励结合采煤沉陷区等废弃土地治理、渔业养殖等方式，因地制宜地开展各类“光伏+”应用工程，促进光伏发电与其他产业有机融合，通过光伏发电为土地增值利用开拓新途径。

地方政府支持在废弃矿井上发展光伏。“十三五”期间，山西大同、山西阳泉、山东济宁、内蒙古包头等地区规划在采煤沉陷区建设12400MW光伏典型示范基地，安徽两淮、辽宁、山西、内蒙古等采空区和备采区规划光伏发电综合治理工程总规模15400MW，2020年建成容量超过10000MW。国内多家企业，如神华宁夏煤业集团有限责任公司、内蒙古伊泰集团有限公司、内蒙古鄂尔多斯集团、山西晋能集团有限公司等，已经在采煤沉陷区上开发光伏项目。采煤沉陷区的项目主要是光伏领跑者基地项目。截至目前，山西大同采煤沉陷区1000MW项目在2016年6月30日之前已全部并网，而随后的采煤沉陷区光伏领跑者基地项目也在不断地建设和并网中。中国采煤沉陷区光伏领跑者基地项目情况见表3-1。神华新能源有限责任公司在内蒙古黑岱沟和哈尔乌素露天煤矿的排土场规划了大型光伏电站、光伏农业示范区及屋顶分布式光伏发电系统的建设方案。

表3-1 中国采煤沉陷区光伏领跑者基地项目情况

沉陷区	装机容量/MW	并网情况
山西大同采煤沉陷区	1000	全部并网
山西阳泉采煤沉陷区	1000	部分并网
安徽两淮采煤沉陷区	1000	部分并网
山东济宁采煤沉陷区	500	部分并网
山东新泰采煤沉陷区	500	全部并网
内蒙古包头采煤沉陷区	1000	部分并网
内蒙古乌海采煤沉陷区	500	部分并网

2. 存在的主要问题

目前，废弃矿井的可再生能源利用主要存在两个层面的问题：一是废弃矿井前期规划和统筹的问题，二是废弃矿井可再生能源项目建设过程中遇到的问题。

1) 缺乏废弃矿井分布及其相关信息资料

目前，我国可再生能源应用的案例基本上矿井属性明确，矿井的相关信息较为齐全完整，这为可再生能源的开发应用提供了有力的支撑。但我国大部分的废弃矿井都缺少开发利用所需的基本数据，如矿井基础情况、配套设施、风险情况等。

2) 未统筹考虑矿井废弃后相关资源的开发利用

目前，我国关闭后的煤矿主要进行矿山环境恢复治理。治理措施单一，没有统筹和充分考虑关闭煤矿资源的开发利用，致使治理后仍存在许多问题。例如，废弃煤矿存在地表建(构)筑物、道路、桥梁、水利设施、管线破坏等问题，这将影响未来可再生能源利用。

3) 缺乏统一有效的协调机构

我国关于废弃矿井的相关法律法规不健全，修复资金投入不足。地方在执行废弃矿井监管、治理和开发利用时，相关法规依据不充分。废弃矿井开发利用涉及发改、国土、环保、安监等多部门，缺乏统一有效的协调机构，易出现职责不明、协同性不够等问题。例如，山东济宁采煤沉陷区光伏项目中，220kV 外送线路施工环境复杂，35kV 开关站、220kV 汇流升压站等建设用地规划和指标等对项目推进造成了很大阻碍。

4) 土地性质及权属问题协调困难

山西采煤沉陷区光伏利用项目已成功按期并网发电，但是在第二批的光伏领跑者基地项目中，由于前期的基础工作没有做好，土地成为建设进程缓慢的重要原因。光伏领跑者基地项目在实际推行过程中存在土地问题，受此影响，无法进行项目建设及配套外线建设等工作；土地问题还会衍生出与地方政府、企业、当地居民的关系协调等问题；大部分地区土地清赔价格较高，严重影响项目收益率，影响开发积极性。

5) 部分项目并网难度较大

国家鼓励分布式光伏发电，就地消纳。如果当地没有用户，则需要并网输出。部分地区弃风、弃光现象严重，一旦与电网运行管理部门协调与沟通不畅，部分废弃矿井光伏发电项目将出现并网难的问题。

（三）典型案例分析

1. 山西大同采煤沉陷区国家先进技术光伏示范基地项目

山西大同采煤沉陷区国家先进技术光伏示范基地项目是中国首个采煤沉陷区光伏项目，由于前期规划较细致，以及标杆上网电价较高等，该项目进展顺利，并如期并网。课题组对该项目进行了现场调研。该基地鸟瞰图如图 3-4 所示。

图 3-4　山西大同采煤沉陷区国家先进技术光伏示范基地鸟瞰图

大同市是国家重要的煤炭能源基地，中华人民共和国成立以来，累计为国家贡献优质动力煤 30 多亿 t 和超过 3000 亿 kW·h 的电能，对全国经济建设做出了重大贡献，同时也付出了沉重的代价，形成了“一煤独大”的产业结构和 1687km^2 的采煤沉陷区。大同市太阳能资源十分丰富。在经过山西省发展和改革委员会深入调研和反复论证后，山西省决定在大同市设立采煤沉陷区国家先进技术光伏示范基地。

该基地将分三期进行，2015～2017 年每年开发 1000MW。一期项目于 2015 年 6 月 19 日获得国家能源局正式批复，建设规模 1000MW，包括两个片区 12 个单体项目。其中 7 个为“领跑者计划”项目，项目单体规模为 100MW；5 个为“领跑者计划+新技术、新模式示范”项目，项目单体规模为 50MW；另外，50MW 由基地公共平台使用，其中基地野外光伏测试平台配套 30MW、开展太阳能电站与大同土壤植被研究示范 10MW、开展太阳能电站景观规划研究示范 10MW（表 3-2）。此次基地的标杆上网电价享受了 0.95 元的价格，其中，0.325 元是上网价格，其余国家补贴。

表 3-2　大同市光伏示范基地一期招标获标企业

项目	获标企业	建设规模/MW
“领跑者计划”项目(重在运营示范)	中国电力国际发展有限公司 华能新能源股份有限公司 中广核太阳能开发有限公司 中国三峡新能源公司 中国华电集团有限公司 联合光伏(常州)投资有限公司 大同煤矿集团塔山光伏发电有限责任公司	100
“领跑者计划+新技术、新模式示范”项目(重在运营示范)	晶科电力有限公司 英利能源(中国)有限公司 阳光电源股份有限公司 合肥晶澳太阳能科技有限公司 浙江正泰新能源开发有限公司	50

1)开发特点及经验

该项目前期工作扎实，政府服务优化。大同采煤沉陷区国家先进技术光伏示范基地采用统一规划、统一组织、统一供应的模式。大同市政府统一组织各相关职能部门按照“一个窗口对外”的模式组织办理项目相关前期手续。基地并网工作过程中，建立有效的调度机制，多个企业主动承担了自身工作以外的任务，帮助其他企业加快并网进度。经过公开公正公平的竞争性评优，在全国首创示范了优选业主，实现了基地资源的竞争性配置。

该项目建设有效探索了林光互补建设模式。大同光伏示范基地按照“转型综改试验区”可以先行先试的要求，尝试将光伏电站建设在采煤沉陷区居民搬迁后的闲置土地，采用行之有效的“林光互补一体化”模式，积极尝试流转使用宜林地、灌木林地和无立木林地，以光伏产业作为林业发展的支撑，带动“一、二、三”产规模化立体发展，为推动我国灌木林地和宜林地开发光伏起到了关键示范作用。

该项目建设效果实现了沉陷区综合治理目标。为了确保采煤沉陷区光伏基地建设质量及项目、人员、设备安全，基地对沉陷区进行全区域沉降观测，通过固定观测点和卫星观测数据，对基地整个区域的沉降情况进行实时监控，并绘制全区域地形图。对沉陷较严重的区域进行标注，对危险区进行实时监控和沉降报警。通过沉陷区长期变化观测数据，为后续沉陷区治理和植被恢复提供基础数据支持。同时结合光伏电站项目建设和林光互补工程，对沉陷区进行初步的填埋、加固、绿化，防止水土进一步流失。通过多种措施，实现了盘活沉陷区废弃土地资源、造福当地群众的综合治理效果。

该项目技术先进，主要设备全部达到了“领跑者计划”项目先进指标的要求。采用各类高效组件、通过双轴跟踪支架等多种组件调节方式调高示范系统的发电效率、采用4G无线通信技术降低运维成本等。

2）存在的问题

（1）地基存在塌陷风险，影响发电效率及效益。

尽管前期对沉陷区地基稳定性进行了评估，对建设光伏电站适宜性进行了分类划分，明确了基地规划场区无明显不良地质作用，但是同煤集团的区块在并网后一年多的时间内，部分区块已经出现了小幅度的沉陷情况，改变了晶体组件的角度，影响了受光面积，即影响了发电效率及效益。

（2）土地产权主体众多，协调困难。

沉陷区内交错分布着建设用地、耕地、荒地、林地和滩涂，土地性质不同，用途不同，同时，沉陷区涉及企业层次和属性不一，相关企业对产业转移、土地开发整理的想法也不同，把不同主体的想法共同聚焦于可再生能源产业发展，需要很长的沟通和协调时间。

（3）输出通道有限，审批困难。

近年来，光伏行业飞速增长，截至2017年底，光伏累计装机容量达到1.3亿kW，比2015年底增加了两倍多。其主要原因有三个方面：一是光伏补贴下调前出现一波又一波的“抢装潮”；二是光伏组件产能过剩，光伏组件供应商为消纳产能，在补贴下调前也大量抢装；三是光伏平准化度电成本下降幅度明显。随着光伏等可再生能源的大量安装并网，输出通道建设滞后，并网受限，加上弃光弃风现象严重，国家严控新增建设规模，因此以常规形式申请可再生能源，审批时间长且限制较多。

2. 淮南水上光伏项目案例

2016年3月30日，由信义光能控股有限公司投资建设的全球最大的淮南采煤塌陷区水上漂浮式、渔光互补光伏电站顺利并网发电。该项目覆盖面积约为1400亩，相当于121个足球场，总装机容量为40MW，总投资4亿元；

太阳能电板安装在漂浮的浮体上，每一个单元格方阵有 3MW 的规模，由 1 万多块太阳能电板组成，分成 16 个发电单元，其是目前全球最大的水上漂浮光伏发电项目。该项示范工程年发电量约为 48000kW·h，按照传统火电站 1 度[①]电消耗 300g 左右的燃煤计算，每年可节约 1 万多 t 燃煤。

安徽省淮南市积极发展采煤沉陷区水域建设漂浮式光伏发电站，为采煤沉陷区水面综合治理、开发利用探索出一条新路，并积累了经验。淮南采煤沉陷区水上光伏电站布置图如图 3-5 所示，光电池组装示意图如图 3-6 所示。

图 3-5　水上光伏电站布置图

图 3-6　光电池组装示意图

① 1 度=1kW·h。

水上光伏电站的建设、运维也给周边带来了新的就业机会。以前煤炭开采导致环境污染和地块沉陷严重，老百姓不得不就近搬迁。自从光伏电站建立起来后，环境逐步改善，许多村民又返回来打鱼，还有一些村民经过培训后成为光伏电站的运行维护人员。

同传统桩基式水面光伏项目相比，漂浮式光伏项目的最大特点是将光伏组件、汇流箱、箱逆变置于水面浮体上，漂浮式光伏电站具有不占用土地资源、减少水量蒸发、抑制藻类生长的作用，同时水体对光伏组件及电缆的冷却也可有效提高发电效率。其在治理沉陷区水域的同时，能有效利用该区域土地空间。

浮体的材料性能是漂浮电站安全及耐久性的重要保证。安徽淮南潘阳漂浮式光伏项目的浮体材料采用超长耐候改性高密度聚乙烯材料，可以达到25年的使用周期。

1）取得的经验

漂浮式光伏电站是将光伏发电组件安装在水面漂浮体上，其具有不占用土地资源、减少水量蒸发、抑制藻类生长的优点，水体对光伏组件及电缆的冷却也可有效提高发电效率。渔光互补一体化，利用光伏板下的水资源养殖水产，实现“上发电、下养殖”的目标。

淮南采煤沉陷区水上光伏电站示范项目的建成投产，为采煤沉陷区光伏示范基地建设积累了重要经验。按照国家能源局提出的“光伏发电也要因地制宜，南方多水域地区推广水上光伏电站大有可为”的精神，安徽省推进两淮水面光伏示范基地建设，不断整合优化光伏产业链资源，构建低碳环保型经济发展模式，为光伏发电发展开拓新天地。

淮南水上光伏是一个成功的、可复制的标准化解决方案，取得的经验可以用来改造我国其余的采煤沉陷区。这种电站可以活用土地、优化水体，一举多得。

2）存在的问题

水上光伏电站与地面电站相比，尽管每度电成本增加0.3～0.5元，但水上光伏电站具有清洁性和水面温度低的特点，其发电量可提高5%～10%，因此最终总的收益差不多。

水上光伏电站要确保电站在高湿度、高盐度环境下长期稳定工作，就会对系统中的所有传动设备、控制器件及日常维护保养带来很大难度。所以，针对水面光伏项目湿度大、太阳辐射强、水位变化多样的特点，项目水下接地装置要具有抗腐蚀、抗老化、耐盐碱的特点，并且长度灵活可调，以确保设备安全。

水上光伏电站的电压经逆变后达到 3 万 kV 以上，这给传输带来很大的难度，传输线路直接在水面铺设，产生漏电将会带来很大的风险，因此要求使用高质量的绝缘线路，这就会增加投资和维护成本。

二、地热能

(一) 开发利用模式

地热资源按照埋藏深度分为三类：200m 以浅的称为浅层地温能，200～3000m 的称为地热，3000m 以上的称为干热岩。国际上通常把地热资源按温度划分：热储温度大于 150℃时为高温地热；90～150℃为中温地热；低于 90℃为低温地热。据统计，我国井工煤矿平均开采深度接近 500m，开采深度超过千米深井近 50 处。总体来看，我国废弃矿井的地热资源位于浅层地热（＜200m）和深层地热（＞3000m）之间，且主要属于低温热源，需要结合热泵技术才能有效利用。

中低温地热资源主要被直接利用，具体形式包括：①供热，利用中低温地热资源为建筑物提供冬季采暖；②旅游健身，利用中低温地热资源（如温泉）提供康复疗养服务；③养殖，利用中低温地热资源为水产养殖和蔬菜瓜果大棚提供热源；④地源热泵，利用浅层地温能，通过热泵技术为城镇居民提供生活热水供应，以及冬季采暖和夏季空调之用。凡是具备建立水源井地质条件的地区，可采用水源热泵。

高温地热资源主要用于发电，具体形式包括：高温干蒸汽发电，像传统火电一样，利用高温蒸汽推动汽轮机发电，可采用背压式发电或凝汽式发电机组；对湿蒸汽进行汽、水分离后，利用蒸汽发电，可采用单级闪蒸式发电或双级闪蒸式发电；湿蒸汽进行汽、水分离后的热水及中低温地热水可应用双工质发电，即利用热水加热低沸点有机工质（如 R22），使之产生 3～5 个大气压力去推动汽轮机，然后再将其压缩为液态。此外，国际上还在大力发展增强型地热系统（EGS），即从地下 3～10km 低渗透性岩体中经济开采深层地热的人工热能系统。EGS 具有热能蕴藏量巨大、利用效率高、系统稳定等特点，有望在不久的将来实现商业化。

本书涉及的废弃矿井地热能开发利用以中低温地热资源利用为主。结合调研来看，国内废弃矿井地热资源的利用模式主要有供热（空调）和地热发电两种模式。

1. 供热（空调）技术

由于大部分矿井热源温度较低，1000m 深处多在 35～45℃，部分区域可达 60～70℃及以上。因此，针对这部分低品质地热能，可利用热泵提取热能进行供暖和热水供应。

1）开式地源热泵系统

通过开环开式地源热泵系统（GSHP）为建筑物供暖，其系统由热泵、逆流壳管式热交换器、缓冲罐、网状过滤器和设备连接管道等组成。另外，矿井中设置有煤矿瓦斯中的甲烷监测系统，如果甲烷水平超过预设水平将会关闭系统。根据回注的方案，可分为两种形式。

如图 3-7（a）所示，矿井水从一个或多个井眼中抽取出来，直接通过热泵或者更普遍的是通过热交换器再连接到热泵。经过热交换后，矿井水经处理被排放到地表（或者海洋）。这种开式方案可能存在的缺点包括：水处理成本比较高，以及泵、管道、热交换器和回注钻孔被化学沉淀物污染。

因此，另外一种系统方案是在热交换后将水重新注入矿井或另一个含水层单元工作[图 3-7（b）]，也可以使用单井提取热水，同时将冷却水注入同一

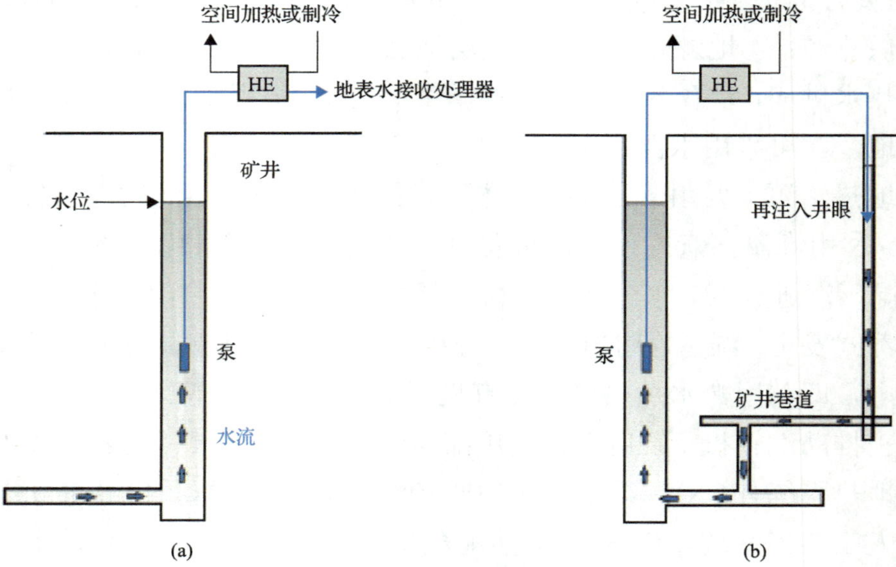

图 3-7　开环开式地源热泵系统

个竖井中或另外一竖井中，从而构建双合系统，最小化所需面积和初始投资成本，并且还可以保证矿井水的循环利用，从而节省水资源和降低处理成本。该方案的另外一个优点是可以实现逆流换热，为夏季提供冷量，地下相对封闭的环境可以实现供热（冬季）空调（夏季）都运行在较高的能效比（COP）下。但是，如果抽取和注入点之间的连接过于直接，则需要对回注井眼进行钻探和维护，并且存在热锋面“短路”的风险。

为了防止矿井水直接接触热泵时可能导致的腐蚀或结垢，地热系统一般采取闭环配置。

2）采用井下换热器的封闭换热模式

无论是废弃的矿井地下水，还是浅层地热含水层，当地下水质较差、腐蚀化学成分较高时，不宜直接将地热水引入热泵机组的换热器进行换热，除了采用开放式外加换热器之外，也可以将换热器置于地热井内直接与管内循环水换热，即井下换热器技术（图 3-8）。该技术于 20 世纪 80 年代由天津大学潘鹤松博士引进国内，至今在浅层地热井内（井深小于 120m）已成功进行了两次示范工程系统试验。最近，天津大学戴传山教授成功将该技术发展到

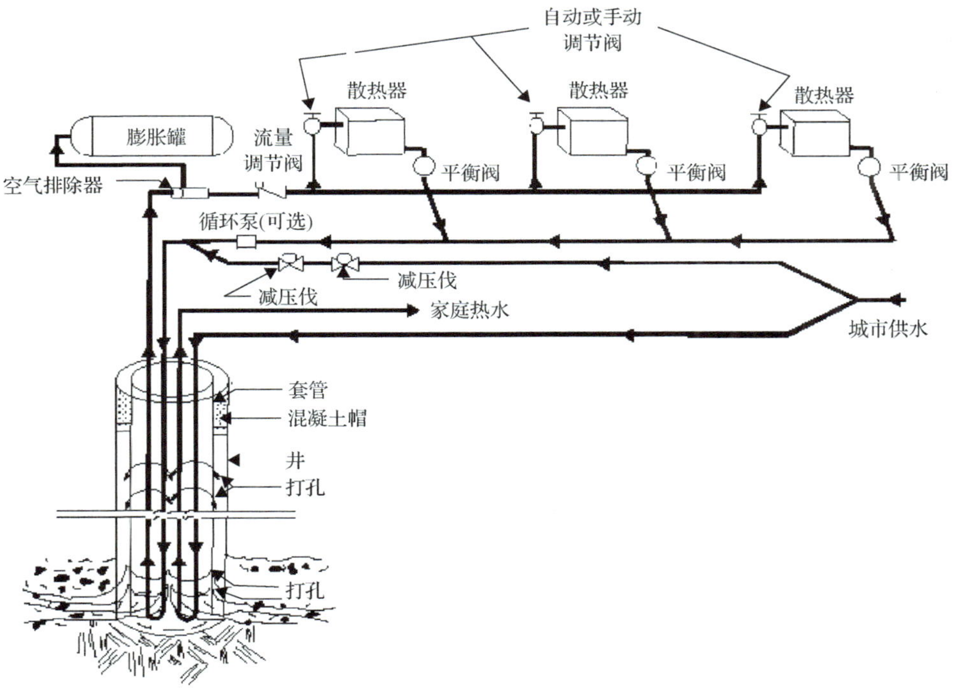

图 3-8　井下换热器技术示意图

了深层地热井(井深可在 1000m 以上)。在地温梯度仅为 2℃/100m 的 1780m 深井内,实现近 300kW 的稳定供热负荷。该技术既适合有水的地热含水层,也适合无水的干热岩地层。

3)矿井回风源热泵技术

通风是煤矿开采中必不可少的安全行为,每个煤矿都要保证一定风量,因此通风形成的低温热源是稳定的。矿井风热能的提取是在矿井通风系统中安装喷水排管向下喷水,与矿井回风形成逆流换热;也可在矿井排风的风道内通过空气对流的方式提取热能。如果在风道内设计一个空气喷淋室,矿井回风在空气喷淋室内形成矿井风和循环水换热,可利用高密度水幕对矿井排风进行逆向雾化喷淋,使换热温差增大、换热时间延长,充分回收矿井排风中的低热资源,这是一种较好的矿井风热能提取方式。但是由于矿井风中含有粉尘和腐蚀性气体,因此仍存在防腐的问题,工程中利用沉淀池解决粉尘问题,同时采用定期更换循环水的方式去除水中的 SO_4^{2-} 和 Cl^-。矿井回风源热泵原理如图 3-9 所示。

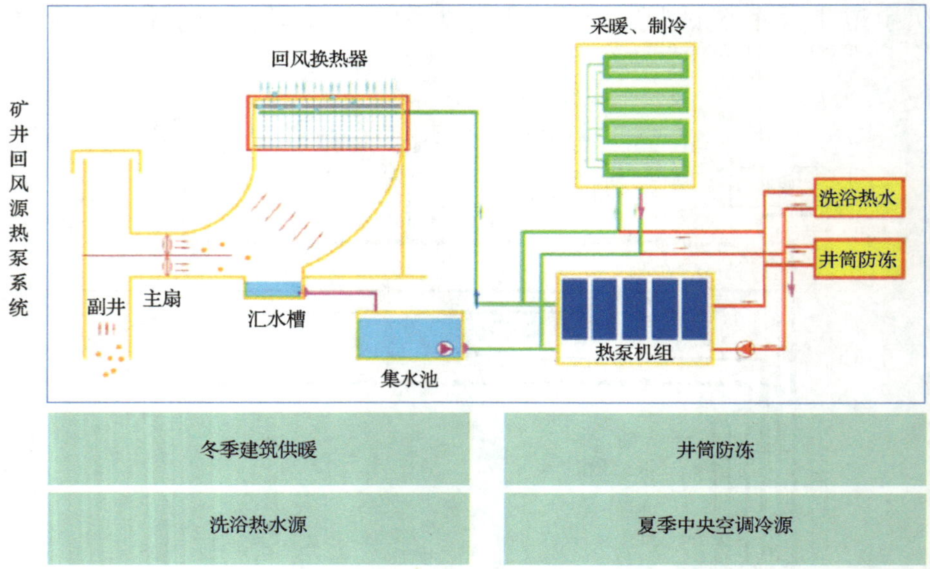

图 3-9 矿井回风源热泵原理图

冬季:矿井回风换热器系统通过矿井回风热交换器,将矿井回风中所蕴含的大量热能通过喷淋换热方式转移到循环水,循环水作为热泵系统的低温热源与热泵系统蒸发器换热,经过热泵系统提取热量后,循环水温度有所降低(一般为 5~8℃),再重新送入矿井回风热交换器进行热交换,循环往复。

夏季：矿井回风换热器系统和热泵冷凝器连接，大量的冷凝热通过回风带走。

4)废弃矿井季节性储能

对于废弃矿井浅层地热资源，可以将其和蓄热利用结合起来。矿井巷道和数以百万吨计的岩石提供了十分充分的换热表面积，还有丰富的矿井水资源是一个巨大的天然优良的蓄热器和恒温器，并且随着季节的变化不断地、自动地进行着充、放热，使巷道内的温度常年保持稳定。这些都为废弃矿井巷道蓄热提供了条件。

利用矿井巷道空间作为季节性太阳蓄热装置的能源系统(图 3-10)在我国已经开始相关研究，该系统将水作为蓄热介质，其由矿区地面的湖泊、矿区地下矿井、太阳能集热器、热泵机组及生活区用户组成。在夏季时，太阳能集热器加热由热泵出口升温后的水，通过泵将热水打入深井储存起来；在冬季时，将夏季储存在储热巷道中的热水作为热泵系统的热源，对生活区供热，利用后的水排入湖泊以备循环使用。

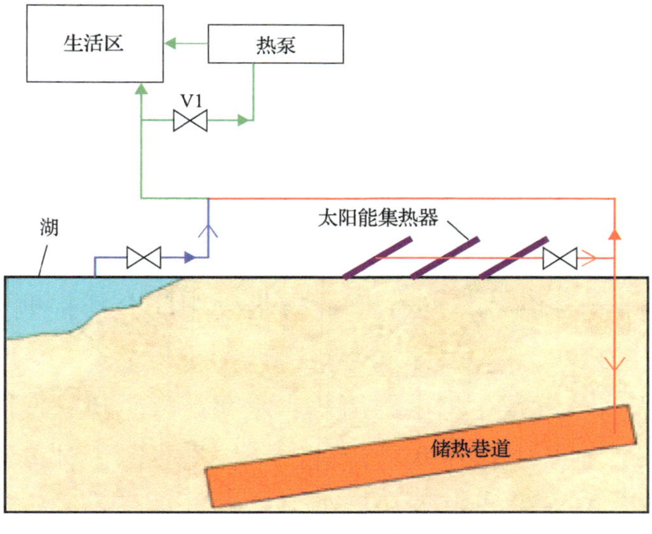

图 3-10　利用矿井巷道空间作为季节性太阳能蓄热装置的能源系统

据此，可以将可供回收的热能涵盖到工业废热余热、可再生能源(太阳能、地热能等)，同时，工业污水也可以在适当处理后排入矿井中用作蓄热介质，系统简图如图 3-11 所示。在工程中，扩大矿井水网络是保证可持续开采的先决条件。此外，为了最大化矿井水网络的能力，地表需求和地下供应之间的适当匹配是至关重要的。

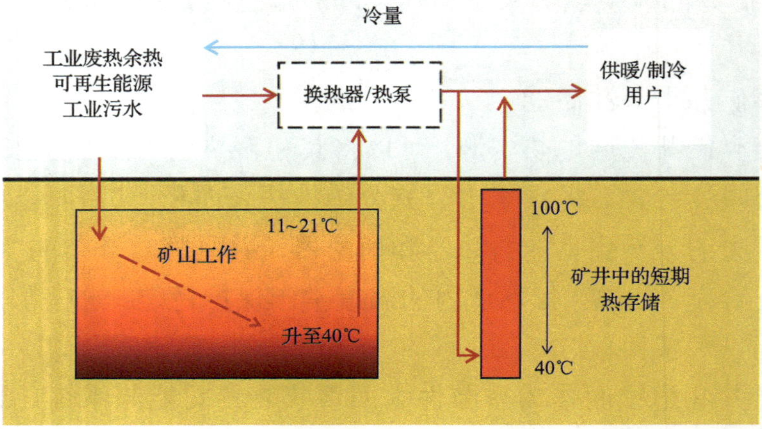

图 3-11　英国废弃矿井蓄热系统简图

2. 地热发电技术

地热发电是将地下热水和蒸汽作为动力源的一种新型发电技术。地热发电的过程是把地下热能转变为机械能，然后再把机械能转变为电能的过程，按照载热体类型、温度、压力和其他特性的不同，可将地热发电技术分为干蒸汽发电技术、扩容蒸汽发电技术、双循环（双工质）发电技术和双循环井下换热发电技术。近年来，干热岩发电技术也有一定突破。国内现有矿井深度一般不超过 1500m，热源品质较差，一般可用的发电技术主要是双循环发电系统，以及低温地热能与太阳能联合发电系统等。

1）双循环发电系统

由于矿井热源温度相对较低，因此宜借助中间介质提取热能，形成双循环发电系统（图 3-12）。

该发电系统由蒸汽发生器、冷凝器、水泵、汽轮机、发电机等构成。具体工作过程如下：系统中存在两种流体，一种是热源流体，一般为经处理后的地下水，它在蒸汽发生器中冷却后被再次打入地下；另一种是以低沸点工质流体作为工作介质（如氟利昂、异戊烷、异丁烷、正丁烷等，沸点均低于 30℃），这种工质在蒸汽发生器内由于吸收了地热水放出的热量而气化，产生的低沸点工质蒸汽送入汽轮机发电机组发电。做完功后的蒸汽由汽轮机排出，并在冷凝器中冷凝成液体，然后经循环泵打回蒸汽发生器再循环工作。

双循环发电系统的关键是开发高效的热交换器，以减少换热过程的热量损失，同时还要寻找和选择沸点低、成本低、安全环保的工质。

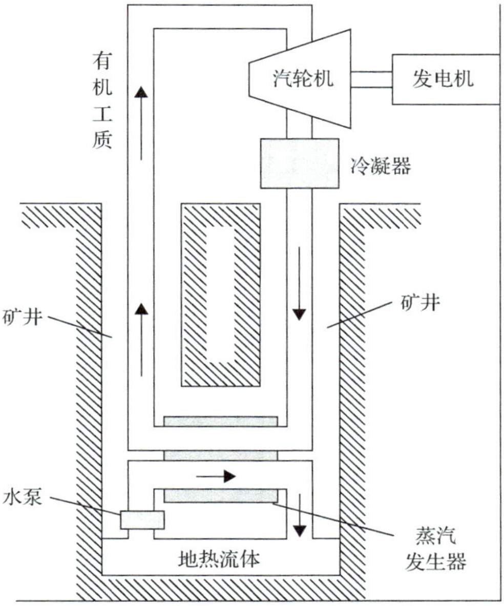

图 3-12 双循环发电系统

2)低温地热能与太阳能联合发电系统

由于多数矿井热源品质较差，单独开发直接用于发电经济性较低，因此可将矿井中的低温地热能与外部太阳能进行联合开发用以发电。该系统以双循环矿井地热发电系统为基础，在地表输气管道外侧加装聚光器，透过其将太阳光聚焦至管道表面，进一步加热有机工质，以提高整个发电系统的经济效益。系统结构图如图 3-13 所示。

(二)开发利用现状

1. 我国地热能资源利用现状

我国地热资源分布广泛、储量丰富，但总体利用率较低。根据国土资源部、中国地质调查局 2015 年的调查评价结果，全国 336 个地级以上城市浅层地热能年可开采资源量折合 7 亿 tce；全国水热型地热资源量折合 1.25 万亿 tce，年可开采资源量折合 19 亿 tce；埋深在 3000～10000m 的干热岩资源量折合 856 万亿 tce。截至 2015 年，我国地热能装机容量不到 30000kW；我国热泵全年利用总能量约 100311TJ，传统水热型地热资源的装机容量占比降至 16%左右。地热供暖主要集中于北京、天津、西安、郑州、鞍山等大中城市，以及北方石油开采区的城镇，开采 60～100℃地热水为楼宇供暖。地源热泵技术扩大了地热能的应用领域，水热型地热资源供热最大的地区依次是天津、

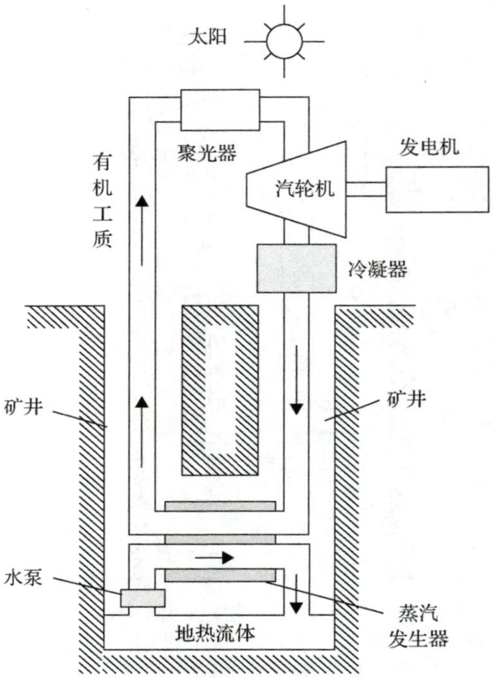

图 3-13　低温地热能与太阳能联合发电系统

河北、山东、陕西、河南、北京。值得指出的是，一些地区仍以“只抽不灌”粗放地热开采模式为主，地下水位的下降、地表污染、地面沉降的风险等负面环境问题仍有待合理有效的解决。

近年来，国家对地热能利用十分重视，出台了多项政策和规划，加快推动地热能利用的发展。《地热能开发利用“十三五”规划》是我国首次发布的地热利用专项规划，作为“十三五”时期我国地热能开发利用的基本依据，其要求开展地热资源潜力勘查与选区评价等重点工作，实施一批重大示范项目，至 2020 年，规划全国新增浅层地热供暖/制冷面积 111850 万 m^2，发电装机容量达 52.7 万 kW，地热能年利用总量相当于替代化石能源 7000 万 tce，相应减排 CO_2 1.7 亿 t。

2. 我国矿井地热资源开发利用现状

我国热流分布格局表现为：东高、中低，西南高、西北低。结合我国主要矿区的分布来看，陕西、山西、安徽、河南、河北、云南、贵州、辽宁、吉林、黑龙江等地区的一些矿区地热资源较为丰富，可以考虑对当地矿井的地热资源进行开发利用，其他地区的煤炭矿区不太适宜地热能开发利用。

目前，我国矿井地热能利用的主要方向为工作区、生活区供暖(制冷)、井口防冻等，利用方式主要为空气源热泵、水源热泵。低温发电技术在我国煤矿基本没有应用。

1)空气源热泵

空气源热泵系统通过煤矿矿井排风获取低温热源，经系统高效集热(热泵)整合后成为高温热源加热热水，从而实现供热。它不是热能的转换设备，而是热能的搬运设备。因此，它的效率不受能量转换效率的制约(图 3-14)。

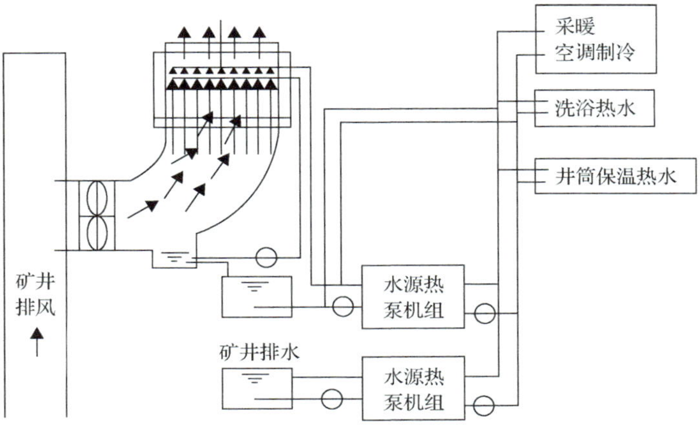

图 3-14　矿井回风热泵系统原理

福煤(漳平)煤业有限公司吾祠煤矿设计生产能力为 15 万 t/a，采用空气源热泵对澡堂热水进行加热，共安装空气源热泵 6 台，配置 4 个水箱，每个水箱储水量约为 15t，总储水量为 60t。其中，有两个水箱各配置两台热泵。另外，两个水箱各配置 1 台热泵，作为备用。目前，吾祠煤矿每天洗澡人数 200 人左右，仅用 1 个水箱及 2 台热泵就能满足洗澡用水。

郭家湾煤矿位于陕西省神木市东北部、府谷县西部，夏季采用空气源热泵对 1#、2#、3#公寓楼、办公楼及招待所空调供冷。共选用空气源热泵 15 台取代原夏季使用的洗浴用的 10t 锅炉一台，从而减少煤场、灰场的堆放，减少工业广场的直接污染，极大地改善厂区生产生活环境。

2)水源热泵

水源热泵的原理是通过热量交换来实现的。在夏季，煤矿地面建筑物温度高，而矿井水源温度低，通过相应的技术手段可以将建筑物中的热量转移到矿井水中，从而将过高的热量带走，达到给建筑物降温的目的；在冬季，则是利用热泵技术从矿井水中汲取能量，通过将水或空气作为媒质，把汲取的热量输送到建筑设施中。一般来说，通过热泵技术用户可以得到高于 4 倍热泵(或水泵)消耗能量的热量(或冷量)，如使用热泵时每消耗 1kW 的能量，可供建筑物用热 4kW 左右(图 3-15)。

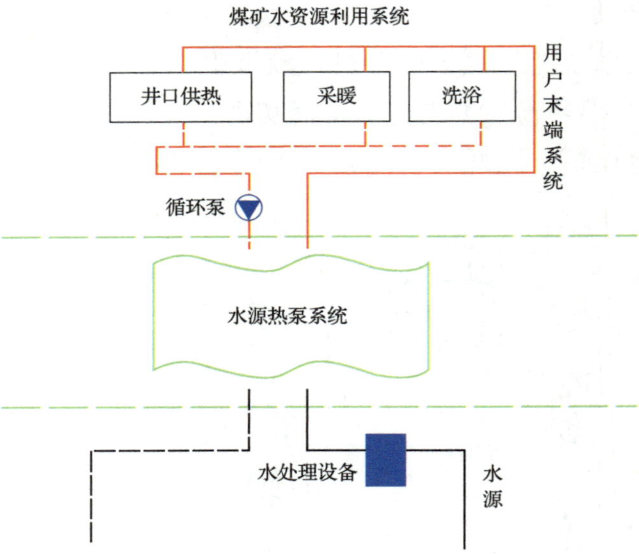

图 3-15　矿井水源热泵系统原理

协庄煤矿属于新汶矿业集团有限责任公司是一座年产 180 万 t/a 的大型矿井。其利用水源热泵机组替代副立井 2 台燃煤锅炉，冬季将矿井水中的部分热量提取出来，实现 550m 深的矿井水(涌水量 $312m^3/h$、水温 19℃)与冷空气之间的热量转换，完成从低品位热能向高品位热能的转移，将矿井水中潜在的热能转换给冷空气，以此来提高井口进风流的温度，保证井口处的空气温度在 2℃以上，其符合《煤矿安全规程》的要求，杜绝井筒内出现结冰现象，确保提升安全。在夏季利用末端送风设备吸收矿井进风流中的热量，通过水源热泵空调机组将吸收的热量传递到矿井水中，从而降低进风流的温度，为井下采掘工作面提供凉风，改善工作人员的作业环境。

云驾岭煤矿隶属冀中能源邯郸矿业集团有限公司是一座生产能力为 157 万 t/a 的现代化无烟煤大型矿井，其矿井排水量丰富。煤矿电厂装备 2 台 50MW 的发电机组，冷却水温度高，水量大；冷却水、矿井排水都含有大量的低品位热能。该矿业集团非常重视节能减排、环保技术的应用，对云驾岭煤矿供热系统进行改造，拆除企业原有锅炉房及 4 台 6t/h 的锅炉设备，新建热泵机房 1 座，购置安装 10 台热泵机组及其辅助设备，并改造相关供热管网，建成一套高效的热泵供热系统。电厂以冷却水、矿井排水作为双水源，热源温度变化范围为 7～50℃；采用高温热泵机组和低温热泵机组优化匹配，可以同时输出 70～80℃高温热水和 40～55℃中温热水及 7～12℃空调冷水，回收电厂冷却水和矿井排水中的废热，用于云驾岭煤矿工业区建筑供暖、空调和制取生活热水及井筒防冻。

冀中能源股份有限公司章村矿矿井利用排水与坑口电厂冷却水丰富的废热资源，开发了电厂冷却水、矿井水、水池水多水源热泵系统。章村矿废热资源主要有：电厂冷却水量 5000m^3/h，温度约 30℃；矿井正常生产时，4 号矿井有 400m^3/h 的矿井水排至地面，水温在 22℃左右，另有 100m^3/h 的清水排至地面，水温在 18℃左右；3 号矿井有 300m^3/h 的矿井水排至地面，水温为 22～23℃；主井有 100m^3/h 的清水排至地面，水温在 18℃左右；地面有 1 个 100m^3/h 的清水池，水温在 22℃左右。章村矿采用高温热泵机组和普通低温热泵机组优化组合运行技术方案，该方案的实施，既可以为冬季供暖、井筒防冻及洗浴热水提供热源，同时又能为夏季空调提供冷源。

3. 废弃地热资源开发利用中存在的主要问题

1）矿权登记难度较大

地热资源矿权审批登记权限在省级国土部门，依法取得地热资源勘查许可、评定储量是办理采矿权审批的前置环节。《矿产资源勘查区块登记管理办法》中规定“禁止任何单位和个人进入他人依法取得探矿权的勘查作业区进行勘查或者采矿活动”。废弃矿井的矿权与地热资源的矿权有一定冲突。由于矿法规定的排他性，地热资源勘查开发利用申报登记工作存在一定难度。

2）地热资源审批流程未明确

受审批程序不明确的影响，地热资源作为流体矿种，在审批要件、程序上不同于其他矿种，当前还没有明确的审批程序和相关规定。

3）地热地质勘查滞后

国家对地热资源勘查的投入不足，全国大部分地区的地热资源状况尚未进行有效的勘查和评价，缺少相关数据及全国地热资源总体规划，严重影响废弃矿井地热资源的开发利用。

4）政策及激励措施和市场保障机制不够完善

在现有技术水平和政策环境下，废弃矿井的地热资源利用规模小、开发利用成本高，在现行市场规则下缺乏竞争力，需要政策扶持和激励。目前，国家支持风电、生物质能、太阳能等可再生能源发展的政策体系相对完善，但在地热能的利用方面缺乏具体的实施细则，没有建立起相关的市场保障政策。

5) 地热产业体系薄弱，缺少专业人才队伍

现阶段，我国地热资源产业研发力量薄弱，技术创新和产业服务体系不健全，技术水平较低，和国外先进水平相比差距较大，产业化水平较低。地热利用产业人才培养不能满足地热市场的要求。

(三) 典型案例分析

1. 冀中能源集团矿井低温热源项目

课题组对冀中能源集团矿井低温热源的应用进行了调研。低温热源利用是冀中能源集团研究的主要的新节能技术之一，已在东庞矿、章村矿、梧桐庄矿、葛泉矿、云驾岭矿和万峰矿得到应用，并取得了良好的效果。

1) 项目概况

矿井通风系统是煤矿安全生产的重要保障，对于井工开采的煤矿，通常采用抽出式通风方式，利用主扇通过回风井回风。一般情况下，矿井总回风的温度、湿度在一年四季基本保持恒定，其中蕴藏大量的低温热能，目前这部分热能没有被利用，而是随着矿井通风排放到大气中去。热泵是一种以消耗少量电能为代价，将大量不能直接利用的低温热能变为有用的高温热能的装置。通过热泵技术可以回收矿井总回风中的低温热能，从而满足工业广场地面建筑采暖、井筒防冻及加热职工浴室洗澡热水的需求，替代燃煤锅炉，可减少大气污染。

东庞矿北井隶属于东庞煤矿，为一个年产 45 万 t 的独立生产系统，有一对主副井，副井进风、主井回风，北井地面建筑面积约 6000m^2，2007 年 12 月 26 日正式投产。原设计采用燃煤锅炉为工业广场内建筑供暖及井筒防冻，但由于燃煤锅炉不予审批，工业广场内建筑未能实现正式供暖，2008 年 1 月 17 日曾发生井筒结冰，罐笼抓捕器被冻造成停产。为保证东庞矿北井正常生产及创造良好的办公环境，必须采取适当的方式解决建筑供暖及井筒防冻问题。

东庞矿北风井在东庞矿北井工业广场内，北风井的回风温度冬季为

18℃、夏季为 21℃，回风量为 5000～6000m^3/min，即 83～100m^3/s，为热泵机组良好的热源。该项目利用热泵技术回收北风井总回风中的热量，解决东庞矿北井建筑供暖、井筒防冻问题，取代燃煤锅炉。

2) 系统原理

如图 3-16 所示，在矿井回风源热泵系统中，矿井回风换热器将矿井回风中所蕴含的大量热能转移到循环水里面，循环水作为热泵系统的低温热源，经过热泵系统提取热量后，循环水温度有所降低(一般为 5℃)，再重新将其送入矿井回风换热器进行热交换，循环往复。

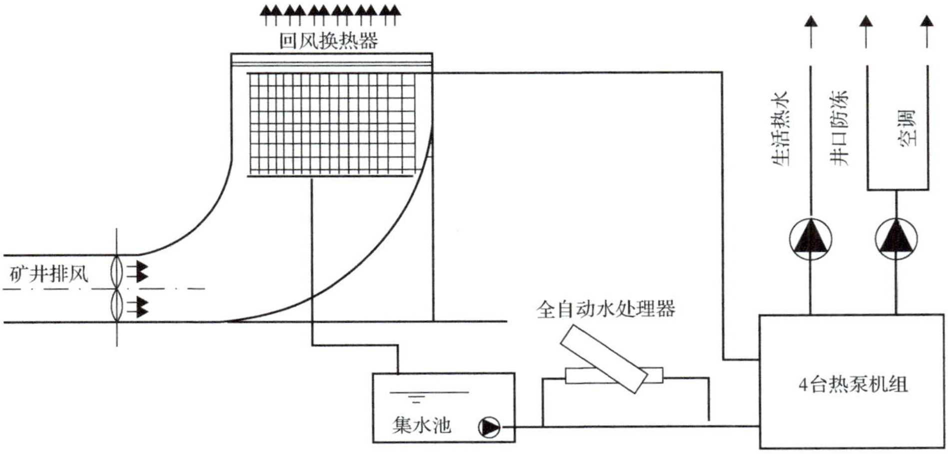

图 3-16 矿井回风源热泵系统原理

3) 应用情况

矿井回风源热泵系统及配套技术研究项目从 2008 年 9 月开始在东庞矿北井安装施工，11 月完成设备安装并开始调试设备及进行工业性试验，系统中所有设备运行正常。

运行效果：项目达到了设计要求，工业广场建筑供暖满足《煤炭工业采暖通风及供热设计规范》的要求，井筒防冻满足《煤矿安全规程》的规定。经实测，矿井回风换热器降低主扇噪声 33dB，同时使扩散塔出口风流得到净化。

取得的效益：运行成本方面，项目年运行费 61.8 万元，与原方案采用燃煤锅炉(投资 310 万元)相比，年运行成本节约 134 万元。虽然投资增加了 470 万元，但 4 年之内即可通过节约的成本将这部分投资收回。环境效益方面，通过热泵技术回收矿井回风中的热能，为东庞矿北井工业广场地面建筑供暖(空调)、井筒防冻及提供洗浴热水热源，取代燃煤锅炉。每个采暖季可减少煤炭消耗2958t，减少CO_2排放7690t。

2. 雄安新区地热能利用项目

课题组对中石化绿源地热能开发有限公司(以下简称绿源公司)在雄县、容城等地的地热应用进行了调研。绿源公司是从事地热资源开发利用的专业化公司，在地热资源开发领域与冰岛国Geysir Green Energy ehf(Geysir绿色能源)及Glitnir Bank(Glitnir银行)建立了战略合作关系，共同致力于促进和推动中国可再生能源的开发和发展。绿源公司的地热开发区域包括陕西、天津、河北等地区，现阶段开发重点在河北区域，已在雄县、容城等14个县(市、区)开发地热资源，截至2018年底，在河北累计完成投资14亿元，钻凿采水井和回灌井共计303口，建设地热供暖换热站197座，铺设地热供暖管网740余千米，建成供暖能力2100万m^2，地热供暖年替代标准煤57.6万t，减排CO_2约140万t。

1)项目概况

河北省中深层地热资源丰富，平原区拥有大型地热田13个、中型地热田13个、小型地热田4个，总面积达1.6万km^2，资源量折合1036亿tce，潜力巨大。雄县境内地热资源丰富，是全国中低温地热资源综合开发利用区，其有着以下五个特点：一是面积广，基岩热储面积达320km^2；二是储量大，地热水储量达821.78亿m^3；三是埋藏浅，热储埋深一般都在500～1200m，便于开发利用；四是温度高，出水温度在55～86℃；五是水质优，一般为碳酸钠型热水，矿化度一般在0.5～2g/L。

为实现雄县的地热资源产业化发展，雄县人民政府和绿源公司共同制定了开发规划，在政府的主导下，按照“整体规划、分步实施、综合利用、良性发展”的原则，采用“建设—投资—运营”的模式，科学合理地开发地热资源，形成了“雄县模式”。绿源公司将油气开发的先进理念应用于地热资源开发，在雄县地热资源开发中采取了先进的热储评价、采灌均衡、定向钻井、间接换热、梯级利用、动态监测等技术，大大提高了地热利用效率，初步建立了地热能的资源勘探开发和利用技术体系，实现在国内的技术领先。2018～2019年供暖季绿源公司在雄县的供暖能力达580万m^2，运行地热换热站53座，地热井131口，年可替代标准煤15万余吨，减排CO_2约40万t，基本实现了雄县地热集中供热全覆盖，雄县成为中国第一个城市供热“无烟城”，其还实施了沙辛庄村、后营村等10个自然村的地热代煤改造，涉及总户数近5000户，建成供暖能力67万m^2，减少燃煤1.5万t。

2) 主要技术

(1) 尾水回灌技术。

所有项目均采取“间接换热，采灌均衡”的先进工艺，通过换热技术提取地热水中的热能进行热交换，换热后的地热尾水通过“一采一灌”“三采二灌”等技术手段，实现了“100%同层回灌”和“取热不耗水”（图3-17）。地热尾水的完全回灌，解决了地热水对小区官网、末端的腐蚀，以及之前排放所造成的污染问题。其在实现了保护环境、资源可持续利用的同时，也解决了因地热水开采而导致的地热水水位下降问题。经监测，经过两个采暖季的地热尾水回灌，雄县城区范围内的地热水水位下降趋势已开始明显趋缓，由原来的每年下降6～7m减缓到2～3m，回灌效果进一步显现。

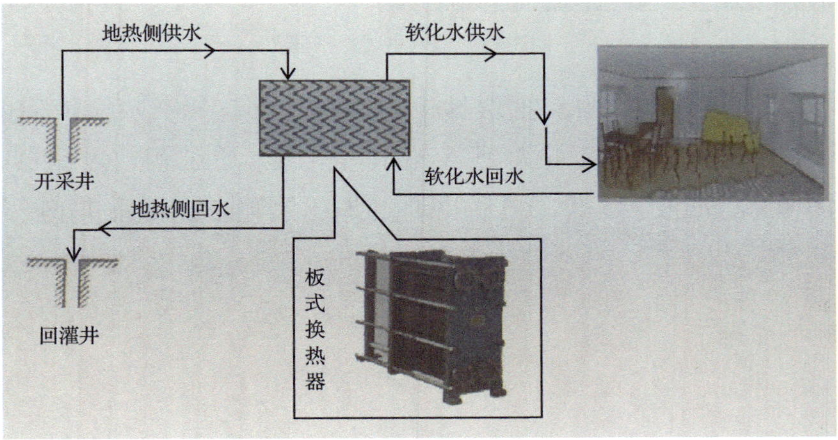

图3-17 尾水回灌示意图

(2) 梯级利用技术。

针对不同的采暖系统，绿源公司开发了地热能梯级利用技术，第一次换热为传统的暖气片采暖系统供热，第二次换热为地辐射采暖系统供热，之后通过热泵进一步提取热量为地辐射采暖系统供热，使地热能利用效率最大化。雄县采用了地热水梯级利用技术、热泵技术等，提高了地热能利用率，大大降低了地热尾水排放温度。

3) 应用情况

绿源公司的人才家园供热站负责向人才家园小区集中供热，服务面积为50.8 万 m^2（图 3-18）。

图 3-18　地热供暖换热器

工艺流程：通过生产井，抽取地下热水进行热交换，热交换后的供暖用水输送至用户侧供暖，地下热水进入储水排气罐，通过初效过滤器、精密过滤器对水中的杂质进行过滤，之后再通过加压泵输送至回灌井内（图 3-19）。

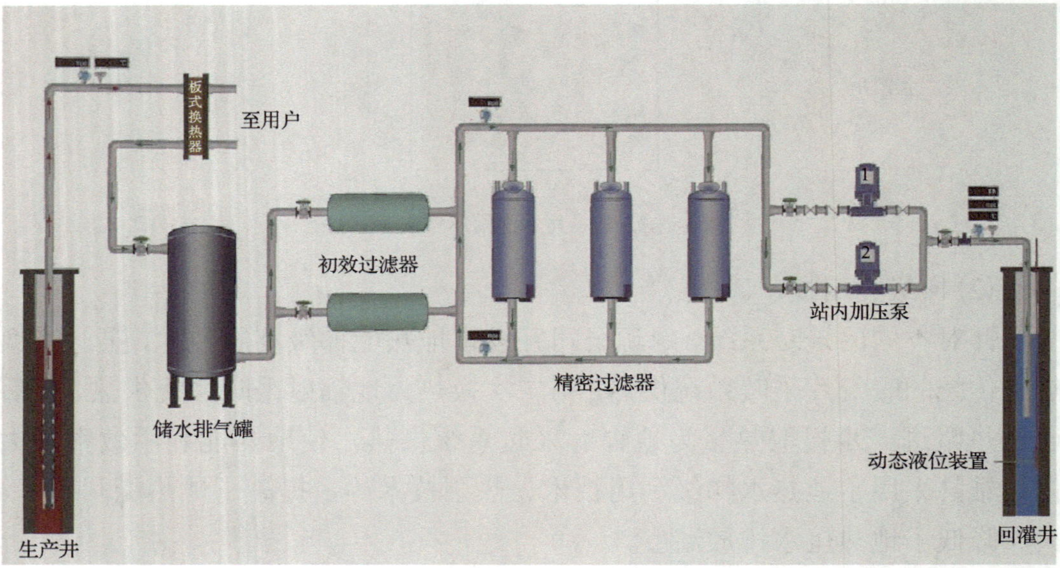

图 3-19　人才家园地热站回灌过滤系统工艺流程图

运行效果：项目运行时室内温度达到22～26℃，满足相关的供暖要求。

4) 开发特点及经验

(1) 先进技术支持地热资源的可持续发展。

雄县的大规模地热回灌，局部地区开始尝试两采一灌，已经成为雄县地热开发的亮点，通过地热回灌，实现“采热不采水”和“采灌均衡”的技术，支持地热资源的可持续发展，该模式已经被自然资源部、国家能源局和河北省等作为地热能开发的重要形式在全国加以推广。同时，采取先进的热储评价、采灌均衡、定向钻井、间接换热、梯级利用、动态监测、高效运营等技术，可以大大提高热利用效率，有效保护生态环境。

(2) “四个统一”助雄县地热能成功开发。

统一政策，由政府统一制定地热勘探、开发、运行维护、暖费收取等方面的优惠政策；统一管理，成立地热管理办公室，对地热能的综合利用进行统一管理；统一规划，编制的地热发展专项规划，纳入城市建设和经济发展总体规划之中；统一开发，授予绿源公司地热资源开发特许经营权，进行整体开发。

(3) 开发企业具有技术优势。

地热能开发企业绿源公司的母公司新星石油有限责任公司原为石油天然气勘探公司，具有资源勘探、评价方面的技术优势。同时，绿源公司在雄县地区拥有排他性的地热开采权，有利于统一布局，整体开发。

5) 存在的问题

(1) 全国地热资源差别较大，各地地热供暖补贴不统一，国家缺乏统一的标准，极大地制约了地热供暖的发展。

(2) 地热矿权管理缺乏相关依据，各地政府对地热资源的性质界定不明确，需国家进行顶层设计。

(3) 在绿源公司投资建设的地热供暖项目中，供暖费用仍按照煤炭供暖的费用收取，导致大部分项目的投资回报率不理想。

6) 相关启示

(1) 统一连片开发。

将地热资源富集区进行“连片开发”。雄县深层供暖地热开发中，个别项目存在“大马拉小车”的现象。部分项目在运行过程中存在热源的供应量高于实际需求量，导致部分余热没有被充分利用。没有被充分利用的原因是这些项目运行相对孤立，缺少热源的互联互通和调剂余缺的基础设施。从理论上分析，若能将额外的热源通过连片开发形式就近转移至其他用户，实现一定程度的集群化利用，则可以有效降低地热开发的成本，也能有效避免资源浪费。从资源优化和供需匹配的角度看，随着地热资源开发力度加大，城区的部分小区之间、邻近的自然村之间管网互联具有必然性，热源共享的局部区域一体化利用格局应该会在未来的地热深度开发中出现。

(2)进一步延伸资源开发的技术路径。

中深层地热资源利用有其优越性，但也有其局限性。从实践方面看，受资源分布限制，不是所有地区都具备利用中深层地热资源的条件。在此情形下，若想大规模利用地热，就必须开发浅层地热。因此，从资源开发技术路径看，应该大力推进深层资源与浅层资源的同时开发利用。分析雄安新区的地理位置及自然资源条件可以发现，雄安浅层地热开发利用可以考虑发展地源热泵供热方式。我国地热利用结构中，地源热泵利用方式占到近 60%，在全国很多地区都有推广。地源热泵地热利用技术成熟且有一定程度的积累，具备大规模推广的条件。未来雄安新区的建设要打造宜居新城，建设高效节能的基础设施，地热地源热泵利用方式应该会有比较大的应用空间。

三、多能互补

由于可再生能源发电具有间歇性，其对电网稳定性产生不利影响，也不利于满足下游用户的电力需求。因此，本书也将结合废弃矿井实际条件对废弃矿井地下空间储能技术及应用进行研究，将太阳能、地热能与地下空间储能等多能互补相结合，将间歇的不稳定的可再生能源电力变成稳定可靠的能源，这样有利于促进废弃矿井可再生能源开发利用。

(一)主要模式

1. 抽水蓄能

煤炭开采过程中形成的巨大的高落差地下空间，使得发展关停矿井井下抽水蓄能发电成为可能。抽水蓄能是目前解决太阳能、风能利用中弃光弃风的电力系统最可靠、最经济、寿命最长、容量最大的储能方式，因而发展前景较好。国外抽水蓄能电站的出现已有一百多年的历史，我国在 20 世纪 60 年代后期才开始研究抽水蓄能电站的开发，与欧美、日本等发达国家和地区相比，我国抽水蓄能电站的建设起步较晚，对于废弃矿井抽水蓄能电站的研究尚在起步。抽水蓄能电站由上水库、下水库、水泵、水轮机、风力发电机(光伏电池板)、电动机、发电机等构成，如图 3-20 所示。其原理为利用风电场或光伏电站发出的电力驱动水泵，将水从位置低的水库(下水库)抽到位置高的水库(上水库)，将不稳定的电能转换为重力势能储存；然后，根据电网的调度计划安排上水库规律性放水，水借助地势差冲向下水库，推动水轮机转动，实现机组并网发电。这一过程将不稳定的可再生能源电力转变为可控可调的友好电力。其中，上水库的建设地点可选在地表，也可选在附近另一深度较浅的矿井。

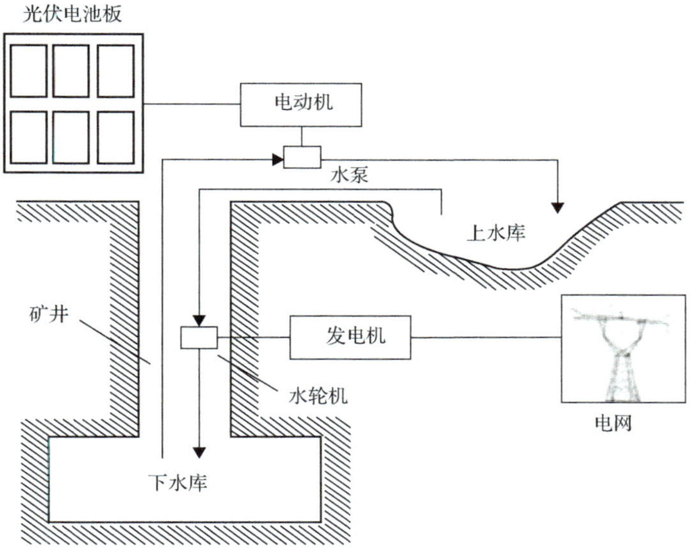

图 3-20　以井下采空区为下水库的抽水蓄能电站

煤炭开采往往伴随大量矿井水的排出，如果将这些矿井水进行抽水蓄能来发电，有望在废弃矿井建成分布式循环系统。水力发电需高落差，其造价高，而废弃矿井深度是现成的，理想情况下只需要建设几个电源点和变电站。

我国绝大多数地区煤炭开采以地采为主，地采将地下的煤挖空后会造成地表塌陷并形成积水。2010 年，神华集团在神东大柳塔煤矿建成了首个煤矿分布式地下水库，迄今为止，累计建成 32 座煤矿地下水库，储水量达到

3100 万 m^3，其是目前世界上唯一的煤矿地下水库群。利用这一特点，可以将地表塌陷带水体作为上水库，将地下绵延十几千米甚至几十千米的废弃巷道作为下水库，利用上下水库的势能差构建抽水蓄能电站，如图 3-21 所示。

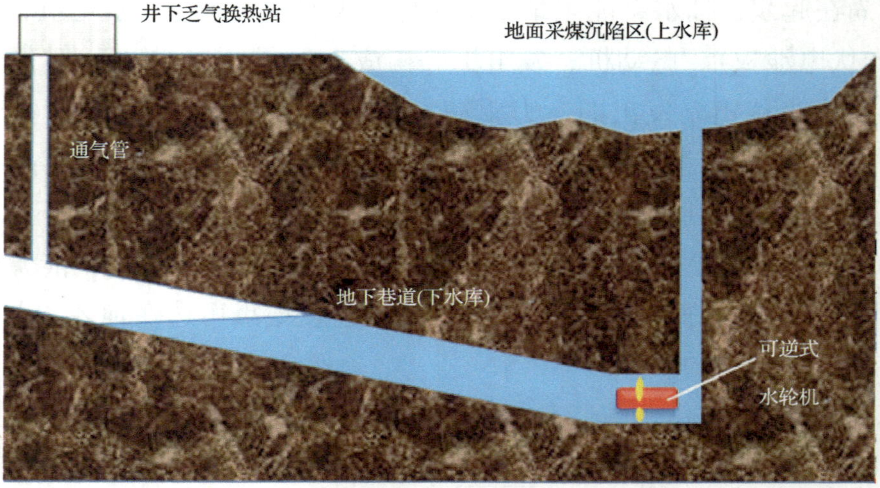

图 3-21　废弃矿井抽水蓄能电站示意图

2. 压缩空气储能

压缩空气储能是指在电网负荷低谷期将电能用于压缩空气，将空气高压密封在一个固定的空间内，在电网负荷高峰期释放压缩空气推动汽轮机发电的一种储能方式。废弃矿井的地下空间可以用于存储高压空气，按照矿井的不同种类进行划分，又可以分为地下盐穴、地下矿洞、过期的油气井、新建的油气井、沉降的海底储气罐等。

以矿井作为储气罐的压缩空气储能系统，如图 3-22 所示。该系统由压缩机、冷却器、储气罐、燃烧室、涡轮机、风力发电机(光伏电池板)、电动机、发电机等组成。在储能时，利用风电场或光伏电站发出的电力驱动压缩机将空气压缩冷却并储存于地下矿井内；在释能时，高压空气从矿井内释放，进入燃烧室助燃，产生的燃气膨胀做功驱动涡轮机发电。与抽水蓄能一样，压缩空气储能也将不稳定的可再生能源电力变成了稳定持续的能源。

废弃矿井压缩空气储能建设面临复杂建库技术、高效经济运行、安全和环保等多方面的挑战，若要投入应用，需要积极研发低成本高效建库工程技术、储库完整性检测评价新技术等，建立配套技术和运行规范等。

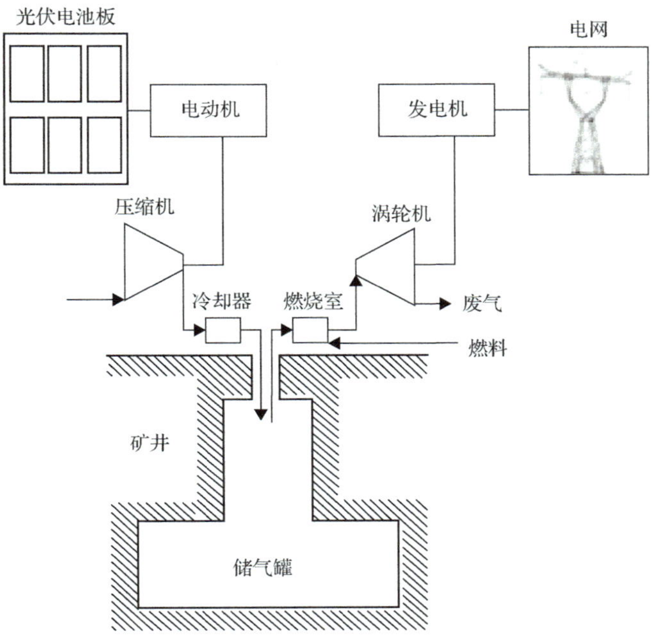

图 3-22　以矿井作为储气罐的压缩空气储能系统

(二) 发展现状

1. 抽水蓄能

目前，我国尚未有利用废矿洞建设抽水蓄能电站的工程实例，但已有了部分利用矿坑建设抽水蓄能电站的设想并且开展了相应的设计研究工作。中国电建集团北京勘测设计研究院有限公司曾先后开展了两个利用废弃矿坑建设抽水蓄能电站的设计研究，一个是河北滦平抽水蓄能电站设计研究，该抽水蓄能电站就是利用上哈叭沁村西沟采区闭坑作下水库；另一个是辽宁阜新抽水蓄能电站，该电站利用海州废弃矿坑作下水库。目前，阜新站址作为规划站址，已列入辽宁省抽水蓄能选点规划报告，虽然未被推荐，但因其特殊的社会、环保意义，得到国家能源局、辽宁省政府的重点关注。

从利用矿洞建设抽水蓄能的研究来看，2017 年，由国家电网牵头，组织了中国电力科学研究院、中国矿业大学(北京)、中国电建集团北京勘测设计研究院有限公司、水电水利规划设计总院 4 家单位共同开展《利用废弃矿洞开展抽水蓄能应用前期技术研究》，评估废弃矿洞抽水蓄能电站的发展前景和运行模式。

2. 压缩空气储能

因为中国对压缩空气储能系统的研究开始比较晚，空气储能在我国还处于研究试验阶段，还没有进入产业化应用，所以现阶段还应该以生产性试验示范为主要发展方向。目前，对压缩空气储能开展研究的大学和科学机构有中国科学院工程热物理研究所、华北电力大学、西安交通大学、清华大学、华中科技大学和中国科学院广州能源研究所等。

第二节　国外可再生能源开发利用案例与启示

一、太阳能

（一）开发利用现状

目前，国外已经有很多在矿区建立光伏发电系统的项目案例，包括生产矿区和废弃矿区。除了已经建成的项目，还有很多对于安装太阳能发电系统的可行性研究。例如，美国国家环境保护局和美国能源部可再生能源实验室联合实施了“重振美国土地项目”，评估在美国废弃矿区土地上开发光伏系统的可能性。韩国也有关于在七个废弃矿井区域内建设光伏发电系统潜力的相关研究，并且进一步研究了在酸性废弃矿井矿区排水处理设施上和露天矿坑口建立小规模光伏系统的可行性。表 3-3 是目前国外部分已有的废弃矿井太阳能发电项目。

表 3-3　国外废弃矿井太阳能发电项目情况

矿井名称	国别	发电容量	系统构成
Chevron Questa	美国	1MW	CPV/追踪系统
Meuro	德国	166 MW	固定支架系统
Sullivan	加拿大	2MW	追踪系统
Azza Ruja	意大利	1MW	—
Sinseong	韩国	1kW	固定支架系统
Hambaek	韩国	85kW	固定支架系统
Hamtae	韩国	80kW	固定支架系统

（二）典型案例分析

1. 德国 Meuro 煤矿光伏发电项目

德国 Meuro 煤矿位于德国 Leipzig 地区附近，主要矿种为褐煤。矿井废弃之后，由德国政府主导在矿区建立了 Meuro 太阳能公园，在 $2km^2$ 的土地上安装了 166MW 的太阳能光伏发电系统(图 3-23)。这是目前德国最大的太阳能光伏发电系统。该项目是德国废弃矿区开发再利用并成功转型的典范，已经在废弃的矿区土地上利用可再生能源技术培育出了一个新的产业，解决了很多矿工再就业安置问题，被认为为矿区经济复苏做出了重要贡献。

图 3-23 德国 Meuro 废弃矿井光伏发电项目

2. 加拿大 Sullivan 矿光伏发电项目

Sullivan 矿位于加拿大不列颠哥伦比亚省 Kimberley 地区。该矿主要生产铅和锌。矿井关闭后，Teck Cominco 公司(现为 Teck Resources 公司)在 5 年内花了 7000 万美元进行矿区的复垦工作，目前仍然持续地对矿井水进行抽水处理和监测。

2014 年起，Teck Cominco 公司投入 530 万美元进行 Sullivan 矿废弃矿区土地的治理和修复工程，建设了发电容量为 2MW 的光伏发电项目。该项目位于落基山脉的山脊上，将投入 4000 块光伏电池模块和 96 个太阳追踪支架进行光伏发电，是加拿大西部第一个商业化的光伏发电项目，也是加拿大首个废弃矿区光伏发电项目(图 3-24)。

图 3-24　加拿大 Sullivan 矿光伏发电项目

3. 美国新墨西哥州 Chevron Questa 项目

1)项目概况

Chevron Questa 矿是美国新墨西哥州钼矿，于 1920 年开始开采运营，1965～1983 年采用露天开采的形式产生了约 3.2 亿 t 废弃物。在美国国家环境保护局超级基金项目的资助下，开始进行矿区的修复和废弃物的处理纯化工作。2010 年 5 月开工，2011 年 4 月在 0.08km^2 的废弃尾矿库上建设了发电容量 1MW 的太阳能光伏电站(图 3-25 和图 3-26)。

该项目采用透射式的聚光型太阳能发电系统(CPV)，安装了 175 个 CPV 系统模块，模块阵列采用双轴太阳追踪系统自动控制，产生的电量足够供应 300 个家庭用户。该项目已经与 Kit Carson 电力公司签订了 20 年的长期供电合同，目前该项目是美国最大的废弃矿井光伏发电项目。

2)项目成功经验

该项目无论是选址、技术装备、商业化运营模式方面还是政府所发挥的作用及优惠鼓励政策方面，都有值得借鉴的地方，具体表现在以下几个方面。

(1)地理优势和环境条件。

Chevron Questa 矿位于美国新墨西哥州的北部地区，太阳直接辐射照度

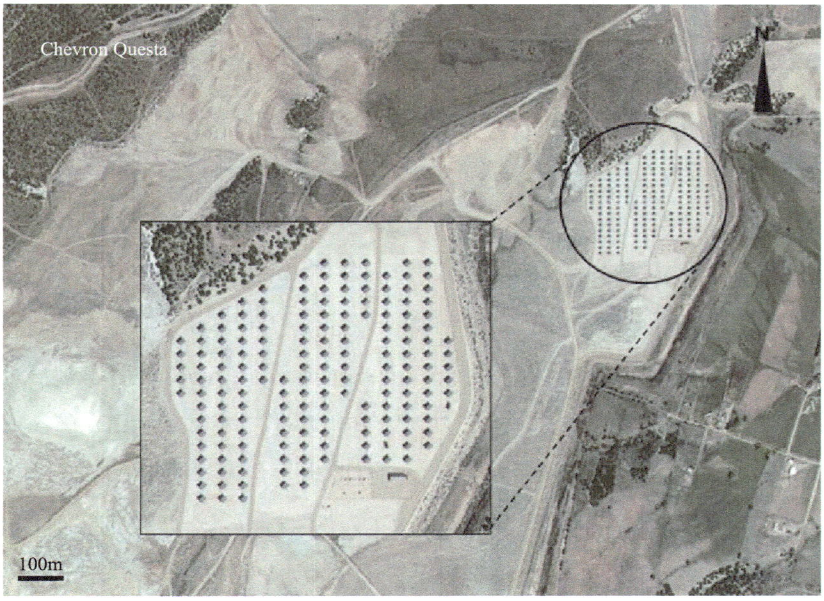

图 3-25　美国新墨西哥州 Chevron Questa 项目俯瞰图

图 3-26　美国新墨西哥州 Chevron Questa 项目现场图

强，每年约有 300d 能接收到阳光的照射，丰富的可再生能源资源为创造经济和环境效益提供了可能。该项目选址为钼矿的尾矿区域，坡度小、障碍物少，且紧邻具有足够容量的电力线。

(2)项目商业化运营模式可以复制。

Chevron Questa 矿山所有权为雪佛龙矿业公司(Chevron Mining Inc.，CMI)，

光伏项目开发商为雪佛龙科技风投公司(Chevron Technology Ventures，CTV)，CTV 是 CMI 的姊妹公司，通过母公司 Chevron，CMI 可以获得评价太阳能项目地点和太阳能技术，以及实施可再生能源项目的技术性专业知识，项目的开发与其创新性土壤试验点研究工作相结合。Chevron Questa 矿山的所有者/经营者同时拥有、开发并运营太阳能设施，因此不存在不同利益主体之间潜在的权责分配问题。矿山所有者也能通过彻底了解政府有关矿山关闭和超级基金(superfund)的清理要求而从中受益。该项目发电容量为 1MW，发的电采用电力购买协议(power purchase agreement，PPA)模式，与 Kit Carson 电力合作社签署了长达 20 年的长期供电模式。Chevron Questa 太阳能设施不需要项目融资或购买土地，因此没有第三方的参与，CTV 能够与 Kit Carson 电气合作社直接签订 PPA 协议，根据该协议，Kit Carson 同意在预定时期内购买 CTV 系统输出的电力。卖方 CTV 负责可再生能源项目的维护和运营，并为买房客户安装和维护电表，以确定销售的电量。

(3)采用的技术及装备先进。

该项目采用透射式的聚光型太阳能发电系统(CPV)，安装了 175 个 CPV 系统模块，模块阵列采用双轴太阳追踪系统自动控制，CPV 技术提供商为法国 Soitec 半导体公司，其是当时世界上最大的 CPV 光伏项目之一。

二、地热能

(一)开发利用现状

随着煤炭资源逐渐枯竭和能源政策的变化，国外产煤国家大量关闭煤矿。2015 年底，英国最后一个井工矿凯灵利煤矿关闭。按照欧盟停止对采矿业补贴的法律要求，德国政府计划于 2018 年取消煤矿财政补贴，在此之前现有井工煤矿将全部关闭。

在全球面临能源危机时期，矿井关闭后，为促进采矿的可持续发展，很多国家鼓励将废弃矿井及其周边土地用于非传统用途，因而国外对矿井作为地热能利用的热源和冷源的研究较早。全世界范围内也已经有很多从废弃矿井淹没区回收地热能的成功案例和设备。这些设备基本都利用被淹的关闭矿井，用热泵富集矿井水中的热量，来为矿区周围建筑物供暖或供冷。这些设施规模大小不同，小到单一建筑物，大到集中供暖供冷系统。

加拿大早在1990年之前就通过热泵系统对新斯科舍省斯普林希尔已关闭的煤矿的地下热能进行了利用。该煤矿安装的热泵系统在冬天提供环流供暖的同时，在夏天提供环流供冷，这是加拿大首批安装的设备之一。该系统采用开环回路设计，从关闭的矿井140m深处取水，泵入矿井水表面的其他位置，共有11台热泵，可以为16700m^{2}的建筑物进行供热或供冷，同时由于工作面已经成为地上采矿展览馆的景点，矿井需要不断地抽水，以保持最上层工作面干燥。

挪威在1998年也进行了废弃矿硐地热能的应用实践。福尔达尔矿(Folldal mine)主要生产铜、锌和硫，于1941年关闭。在近200年的运营过程中，矿井周围逐渐发展起居民区。矿井关闭之后，周边居民将矿井的地下空间开发利用，建成了地下的沃姆谢尔(Wormshall)岩洞，用于举行音乐会和宴会。1998年10月，建设了热泵系统，依托矿井水的热量为岩洞供暖。深井中安装了一个长600m、直径50mm的闭环回路。

在废弃矿井的地热能利用方面，德国虽然没有较大规模的项目，但公开的研究资料显示，德国有较多矿井水地热利用工程(表3-4)。

表3-4 德国矿井水地热利用案例统计表

矿井名称	矿井类型	地点	安装年份	容量/kW	最终用户
海因里希(Heinrich)煤矿	硬煤	埃森黑辛根(Essen-Heisingen)	1984	350	养老院供暖
关税同盟(Zollverein)煤矿	硬煤	埃森卡滕贝格(Essen-Katernberg)	2000	—	学校供暖
302井	铀矿	萨克森/马林贝格(Sachsen/Marienberg)	2007	690	温泉洗浴
—	锡矿	萨克森州埃伦弗里德斯多夫(Ehrenfreidersdorf，Sachsen)	1994	—	学校供暖
—	锡矿	萨克森州埃伦弗里德斯多夫(Ehrenfreidersdorf，Sachsen)	1997	82	展览馆建筑，观光井

2003年开始，荷兰启动了海尔伦(Heerlen)项目，该项目是世界上第一座将废弃矿井水中的地热能开发利用的成功案例。从井下泵出地下水，再利用管道把热水输往附近民宅、商店等建筑以调节室温，待水冷却后再输回矿井深处以循环加热。

在欧盟煤钢研究基金(EU Research Fund for Coal and Steel，EU RFCS)的支持下，波兰中央矿业研究院联合阿玛达发展公司(Armada Development S.A.)、英国的格拉斯哥大学(UoG)和艾尔肯能源公司(Alkane Energy)，以及西班牙的奥维耶多大学和煤炭企业乌诺萨(Hunosa)公司等开展了一项名为“矿井淹没区地下空间作为热源的可持续利用：矿井关闭后环境风险最小化的基准线活动”(Sustainable Use of Flooded Coal Mine Voids as a Thermal Energy Source-a Baseline Activity for Minimising Post-Closure Environmental Risks)的项目研究，旨在对关闭矿井水淹采空区内的热能进行开发利用，其重大成果包括建立了关闭矿井老空区的管理与矿井水热能利用的技术模型及经济评估模型，以及一些配套的矿井水位和水质(特别是氯离子和硫酸根离子)的监测技术的综合应用(图 3-27)。

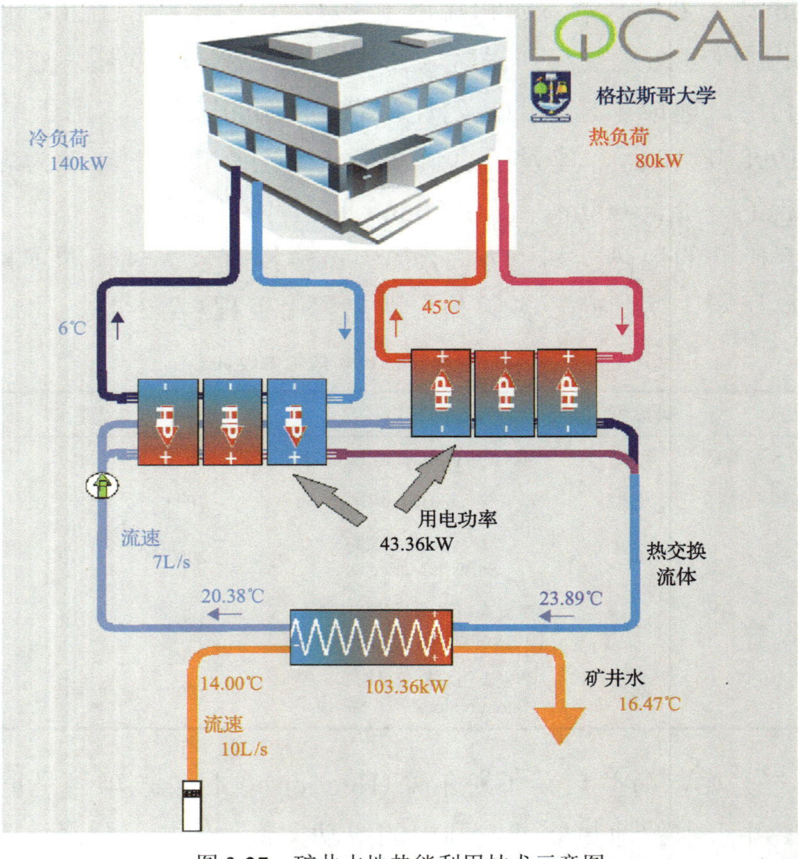

图 3-27　矿井水地热能利用技术示意图

(二)典型案例分析

以荷兰海尔伦项目为例，进行典型分析。该项目是世界上第一个成功将废弃矿井水中的地热能开发利用的案例。从井下 700m 深处泵出热水，再利用管道把热水输往附近300多处民宅、商店、图书馆和大型办公楼等建筑以调节室温，待水冷却后再输回矿井深处以循环加热。

1. 开发背景

19世纪后期，海尔伦一度成为荷兰的煤矿中心。但自20世纪70年代以来，随着荷兰天然气产业逐渐兴起，国际市场竞争加剧，海尔伦的煤矿业走向衰落，几处大型矿井被关闭废弃。该矿井水地热能利用项目所在地为被矿井水淹没的Oranje Nassau废弃矿井，当时煤矿关闭一度造成当地面临经济困难。为缓解经济困难、解决矿工的就业问题等，海尔伦地区开始实施重建计划。

2. 开发情况

该项目目前已经开发了二期工程。一期项目为示范项目，被列入Interreg IIIB NWE项目。从2003年开始建设到2008年建成，其为350户住宅、3800m^2面积的商业楼及16200m^2面积的学校、图书馆、社区中心和养老院等建筑供暖和供冷。一期项目共钻了五口井，其中两口热水井在海尔伦北部井下700m处，用于泵出温度约28℃的温水(HH1和HH2)，两口冷水井在海尔伦南部井下250m处，用于泵出约16℃的冷水(HLN1和HLN2)，第五口井位于海尔伦中部井下约350m处，用于注入平均温度在18～22℃被冷却的热水和被加热的冷水(HLN3)。系统利用四台容量为700kW的热泵，在冬天从700m深处泵出温水，并在350m深处再次注入竖井。夏天，从250m深处取冷水，满足全年80%的热量需求。剩余的热量需求通过2MW的传统燃气锅炉满足。

二期项目在2013～2014年建成，从示范项目升级成可再生能源基础设施完善的全流程项目，并经过运营商矿井水公司确认，该项目具有商业可行性。与一期项目相比，其优势在于：一是用能量交换代替了能量供应，即在建筑物和已有矿井水网络之间建立了能源交换网络；二是用能源存储代替了能源损耗，即在矿井水蓄水池中实现了能源存储和再生；三是增加了多发电系统，如生物-热电联供、太阳能等；四是扩大了矿井水网络的水力和热容量，改进了热泵、压力提升系统和已有矿井水的循环再利用；五是实现了冷热源供应全自动控制系统。

三期工程的设计理念及目标是：在建筑物和矿井水网络中增加热源和冷源存储，并在未来建立需求和供给侧管理系统。

3. 经验借鉴

1) 欧盟和国家及地方政府层面的资金支持

该项目在2000～2003年被列入欧洲Interreg ⅢB NWE项目，并获得了约1000万欧元的资金支持。该项目还获得了荷兰国家能源研究补贴计划、城市整修投资预算及林堡省政府等约260万欧元的资金支持。

2) 项目规划合理，持续推进

该项目于1999年由海尔伦市政府提出初步构想，并确立了将废弃矿井地热能资源利用纳入海尔伦市可持续能源发展规划2040的目标中，到2003年一期项目开工建设，并于2008年建成示范项目，为周边3800m^2的商业楼和16200m^2的学校、图书馆、社区中心和养老院等建筑供暖和供冷；持续运营之后，在2013～2014年进行了二期项目的建设投运，并升级成可再生能源基础设施完善的全流程项目；2014年之后开始规划建设三期项目工程，按照计划，2018年接入系统的室内供能面积将达到80万m^2。

3) 商业化运营模式可行

该项目开发商为Mijn矿井水公司(Mijnwater B.V.)，负责项目运营、管理和技术研发，该公司由海尔伦市政府全额出资成立，待未来项目具备商业化运作条件时，海尔伦市政府将会退出，由矿井水公司进行全面市场化运营。

三、多能互补

(一) 发展现状

在废弃矿井、废弃矿硐的利用方面，国外发达国家或地区结合太阳能、风能等可再生能源的综合利用，对抽水蓄能、空气压缩储能等技术进行了大量的研究。经过多年的发展和实践摸索，国外废弃矿井抽水蓄能发电和压缩空气发电的能量转换率已达到较高的水平，如抽水蓄能发电的能量转化率达到80%左右，而压缩空气储能部分技术的能量转化率为40%～70%。与常规的抽水蓄能和压缩空气储能设施相比，废弃矿井的巷道等蓄水或储气空间已经存在，且比较稳定，只需要做相应的改造，建造和改造费相对较低，且可节省地表的土地资源，减少地表环境的破坏。废弃矿井储能技术优势、技术要求及能源转化率对比分析见表3-5。

表 3-5　废弃矿井储能技术优势、技术要求及能源转化率

项目	抽水蓄能、空气压缩技术
技术优势	废弃矿井巷道作为蓄水空间已经存在，可降低建造和改造费用，且可节省土地资源，减少破坏地表环境
技术要求	对于巷道的支护情况和使用寿命有较高的要求，必要时还需通过喷射混凝土、打锚杆甚至加衬砌等措施进行改良
能源转化率	抽水蓄能 80%左右、压缩空气储能 40%左右

1. 抽水蓄能

美国在地下抽水蓄能电站的前期研究中投入了大量的工作，提出了抽水蓄能电站选址的一些原则和重要的影响因素，如地下空间的建造成本是地下抽水蓄能电厂的主要成本、岩石的强度对地下空间的建造特别重要、岩石的组分要稳定且不受电站运行影响等。德国在 21 世纪初制定了新能源方针（即能源转型：从化石燃料转向可再生能源），迫切需要解决能源大规模存储的问题，许多研究机构和大学开展了一系列地下废弃矿洞抽水蓄能发电技术的研究。

目前，世界上已经有一些相关项目进入计划及可行性研究阶段。例如，1993 年，美国新泽西州利用废弃矿洞开工建设了霍普山抽水蓄能电站，该电站距纽约 56km，装机容量 204 万 kW；2012 年 Gridflex Energy 公司计划在美国肯塔基 Maysville 的一个石灰岩矿中修建抽水蓄能电站的下库。奥地利在阿尔卑斯山的 Nassfeld 建造了世界上首个真正意义的半地下抽水蓄能电站。2013 年 10 月，Mineville 抽水蓄能项目提交了计划，准备在纽约 Moriah 镇的废弃矿井中建造一个完全地下的抽水蓄能设施。2014 年 4 月，New Summit Hydro 公司申请了一个名为“Summit Project”的项目，计划在 Norton Ohio 的石灰岩中建造一个总储量 1.5GW 的蓄能电站。在德国鲁尔区，煤矿的开采深度已达到 1200m，巷道总长度约 100km，计划利用其中一个深度 971～1008m、储水量 450000～750000m^3 的巷道，建立一个功率为 300MW 的抽水蓄能电站。

2. 压缩空气储能

1949 年美国学者首次提出利用压缩空气储能的概念，国内外学者也进行了大量的理论和实验研究，并逐步推进在工程实践中的应用。目前，世界上有两座大型的压缩空气储能电站投入商业化运营。1978 年，在德国的芬道夫（Huntorf）诞生了第一台商业运行的压缩空气储能机组，其就是利用废

弃的矿井来储存压缩空气，建成的电站额定功率为290MW。1991年5月，第二座电站在美国亚拉巴马州麦金托什地区(Mclntosh)投入运行，发电容量110MW。两座电站从建成以来一直运行良好。另据资料显示，日本、俄罗斯、法国、意大利、卢森堡、以色列等国家也已开发此类技术多年。

(二)典型案例分析

1. 美国抽水蓄能项目

美国的霍普山抽水蓄能电站就是利用废弃矿洞建设的，霍普山抽水蓄能电站位于美国新泽西州，距纽约56km，装机容量204万kW，于1993年开工。该电站在莫里斯县离居民区约3.2km的霍普山上，上、下水库均不在河流上。上水库是在霍普山台地上开挖而成的水池，下水库则是利用地下约760m深处已废弃的矿洞形成，其有效库容均为620万m^3。上水库初次蓄水靠抽取附近霍普山湖的湖水和矿坑水，以后则靠降雨补充水的蒸发损失。该电站由闭合循环水体发电。该电站的输水道、施工洞和交通洞都是垂直向的竖井，共有5条。厂房深埋于地下900m处，长137m、宽22.6m、高44m，厂房内装有6台机组，水头810m，变压器廊道长110m、宽15m。二者通过隧洞与施工竖井和交通竖井相通，以利于施工和运行时通风。电站具有频繁快速的工况变化能力，可适应一天之内做20次工况变化。机组从停止状态转为发电状态只需1min，从旋转备用到满负荷的80%状态只需10s。

2. 德国煤矿抽水蓄能项目

1) 德国Prosper-Haniel煤矿抽水蓄能项目

德国Prosper-Haniel煤矿抽水蓄能项目(图3-28)位于德国北莱茵-威斯特法伦州，成立于1863年，受限于日益减少的煤矿业补贴，该矿将于2018年关闭。在煤矿关闭后，Prosper-Haniel煤矿的所有者德国煤炭巨头鲁尔集团(RAG)决定与杜伊斯堡-埃森大学合作，将其改造成200MW的抽水蓄能电站，通过煤矿上下层建设蓄水库来实现，下水库将由25000m深达1200m的矿井组成，可存储超过100万m^3的水，该电站将作为储能设施参与调峰，以弥补可再生能源电的波动性缺陷。德国计划在该电站改造完成后，或许由州政府对其进行更多类似的改造，来完成到2025年可再生能源比重提高至30%的目标。

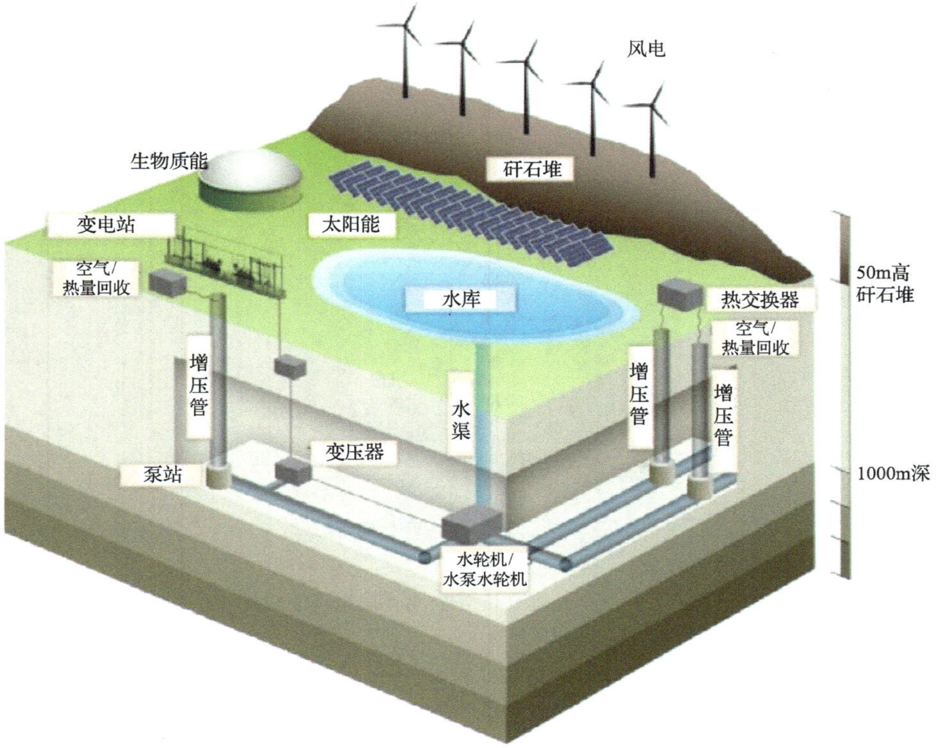

图 3-28 德国 Prosper-Haniel 煤矿抽水蓄能项目

2)德国下萨克森州废弃矿井全地下抽水蓄能电站

德国下萨克森州能源研究中心正在开展利用废弃的金属矿巷道建立全地下抽水蓄能电站的研究(图 3-29)。它的优势在于金属矿巷道已经存在且比较稳定，建造和改造费相对较低，且不需要重新开挖隧道。

四、主要启示

(1)完善废弃矿井管理体制机制，成立废弃矿井综合利用协调机构。

废弃矿井的资源利用是一个长期、系统、复杂的工程，需要加强顶层设计。美国、澳大利亚昆士兰州、加拿大等都有完善的废弃矿山开发利用管理体系。美国通过立法的形式设立了废弃矿山土地(AML)计划，并成立了专门的露天开采办公室(OSM)对废弃煤矿的复垦工作进行管理。从联邦政府层面到州政府层面都有明确的分工，从美国内政部到美国国家环境保护局，各个政府部门之间也都在各自的管辖范围内认真履行自己的职责，共同推动废弃矿山的复垦再利用工作，并且各有侧重，如废弃矿区土地上可再生能源项目的可行性研究和技术支持主要由美国国家环境保护局负责。

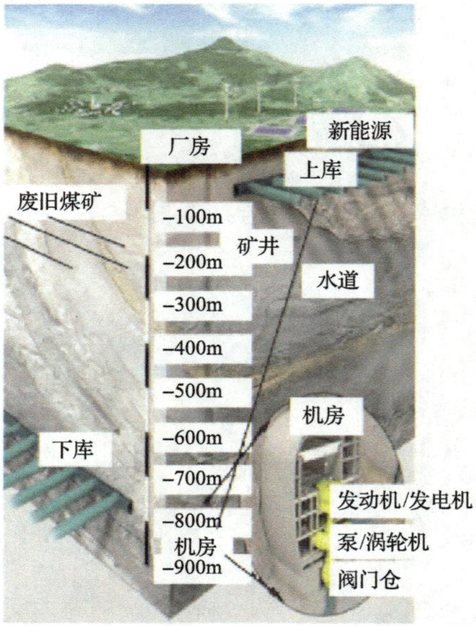

图 3-29　下萨克森州废弃矿井全地下抽水蓄能电站示意图

加拿大国家废弃/遗弃矿山委员会(The National Orphaned/Abandoned Mines Advisory Committee)由加拿大多方共同参与成立，该委员会在矿业部长的指导下开展相关工作，并向全国矿业部长汇报工作进展。其资金来源于联邦政府、省政府、加拿大矿业协会(The Mining Association of Canada，MAC)和加拿大勘探开发协会(Prospectors and Developers Association of Canada，PDAC)。

(2)尽早形成闭井标准，推动矿山关闭前做好规划与评估。

完善法规体系，在新建矿井设计之初要求煤矿企业对矿井关闭之后及矿区土地复垦、矿井水处理、地热能回收等提出综合性的开发利用规划，进行开发利用评估，并预留相关专项治理费用。德国、英国及澳大利亚等国家，在矿井关闭上有严格的程序，为后续资源开发带来了极大的便利，我国应该尽早形成相关的闭井标准。根据各矿井的实际条件，按照地面资源和地下空间统筹一体化开发的原则，对废弃矿井转型升级的系统化立体开发和可持续发展进行中长期规划，兼顾经济效益和环境、社会效益，推动我国煤矿企业在矿山关闭前做好前期规划与评估，做好与矿井关闭后开发利用工作的衔接。

(3)加强科学评估，尽快建立废弃矿井数据库及矿井利用清单。

美国、加拿大(特别是安大略省)等地区，均建立了废弃矿山的 GIS 信息数据库，并对外公开部分信息，供不同群体参考和使用。美国也建立了矿井处理优先级清单，记录了完整信息，并建立了环境治理和安全治理评价指标体系，设立了分级指标，每项指标设立固定的分数，分值越高，风险越大，就会越先得到治理。矿山企业也可以根据所经营矿山的具体情况向州政府废弃矿山管理部门提交申请，如果申请获得通过，就可以获得联邦政府的资金支持进行废弃矿山的复垦工作。

(4) 加大财税优惠政策力度，探索新型投资机制和合作模式。

各类可再生能源的利用技术及项目开发都离不开政府在政策和资金上的大力支持。目前，各国尤其是欧美等发达国家都发布了不同形式的财税优惠政策和新能源补贴政策。例如，德国将废弃矿井煤层气资源作为可再生能源，加大政府财政补助，除了政策补贴外，私人资本的参与和市场化的运营模式也必不可少。而利用废弃矿井资源开发利用可再生资源，还可以促进矿业的转型升级，实现矿业的可持续发展，因而受到格外的重视。例如，目前世界上最大的荷兰海尔伦矿井水地热利用项目在一期项目工程中就得到了欧盟和荷兰海尔伦市政府的大额资金支持。荷兰海尔伦项目中由海尔伦市政府专门成立了矿井水公司，后期随着项目具备了商业化运行条件就会退出，由该公司进行全面市场化运作。美国最大的 Chevron Questa 废弃矿井太阳能光伏项目的成功开发也得益于美国政府机构美国国家环境保护局技术的大力支持及新墨西哥州的可再生能源政策和激励措施，以及雪佛龙矿业公司的共同参与，其是促进废弃矿区再利用的一个成功的典型案例。Questa 的太阳能设施不需要项目融资或购买土地，雪佛龙矿业公司直接与 Kit Carson 电气合作社签订了长达 20 年的电力购买协议(PPA)。

第三节 废弃矿井可再生能源开发利用战略

一、开发利用前景

结合我国能源革命、煤炭产能结构优化、部分矿井关闭退出等形势，综合评估废弃矿井沉陷区土地利用条件及太阳能、地热能等可再生能源资源赋存情况，结合周边用户分布及电力市场需求等，遵循安全、科学、环保、经济原则，将不同区域的废弃矿井统筹规划、系统确定为“重点开发”“潜在开发”等不同类型。在此基础上，明确不同类型地区不同阶段的废弃矿井可再生能源开发利用战略目标。

1. 太阳能

根据中国气象局发布的《太阳能资源评估方法》(QX/T89—2008)，我国太阳能资源地区分为四类，见表3-6。

表3-6 我国太阳能资源丰富程度等级表

区域	光照强度/[MJ/(m²·a)]	备注
一类地区	≥6300	主要包括青海、西藏、甘肃北部、宁夏北部、新疆北部、内蒙古西部等地
二类地区	5040～6300	主要包括山东、河南、河北、山西、新疆南部、吉林、辽宁、云南、海南、陕西北部、甘肃东南部、江苏中北部和安徽北部等地
三类地区	3780～5040	主要包括长江中下游、福建、浙江和广东的一部分地区
四类地区	<3780	四川南部、贵州部分区域是我国太阳能资源最少的地区

一类地区(资源最丰富)：全年辐射量在6300MJ/m^2以上。

二类地区(资源很丰富)：全年辐射量为5040～6300MJ/m^2。

三类地区(资源丰富)：全年辐射量为3780～5040MJ/m^2。

四类地区(资源一般)：全年辐射量在3780MJ/m^2以下。

根据实际特点，废弃矿井太阳能利用除塌陷土地以外，主要取决于太阳能资源情况。因此，本书建议一类和二类地区为废弃矿井光伏利用“重点开发区”，三类和四类地区为废弃矿井光伏利用“潜在开发区”。

参考国内外废弃矿井开发利用的经验和应用案例，根据废弃及关停矿井资源的特点、基本条件、地理位置和当地需求，通过改造、恢复和建设，将废弃矿井转变成公园景观、矿井实践教育基地、国家矿山旅游公园、科普教育基地、历史博物馆等。利用废弃的煤矿工业广场及周边土地资源，转型发展现代物流、太阳能发电、养殖业和现代农业；风景名胜区范围内，按规划恢复自然生态或用于旅游服务设施建设。矿区土地资源除去农业、养殖业、生态恢复等方面的利用，适宜太阳能光伏利用的总面积为20%左右。

根据国内相关报道推算，目前废弃矿井采矿沉陷区面积约为150万hm^2，可用于太阳能光伏发电的面积约为30万hm^2。按照1MW占地2.56hm^2估算，可实现装机容量为11.8万MW，每年可实现发电765亿kW·h，相当于5个大亚湾核电站。

2. 地热能

我国大地热流分布图和十四大矿区分布图如图3-30和图3-31所示。将我国煤炭生产基地和热流图进行综合分析可知，煤炭资源较为集中的新疆中部、北部大部分地区，内蒙古中北部地区由于地热资源有限，不适宜进行地热能的开发利用。

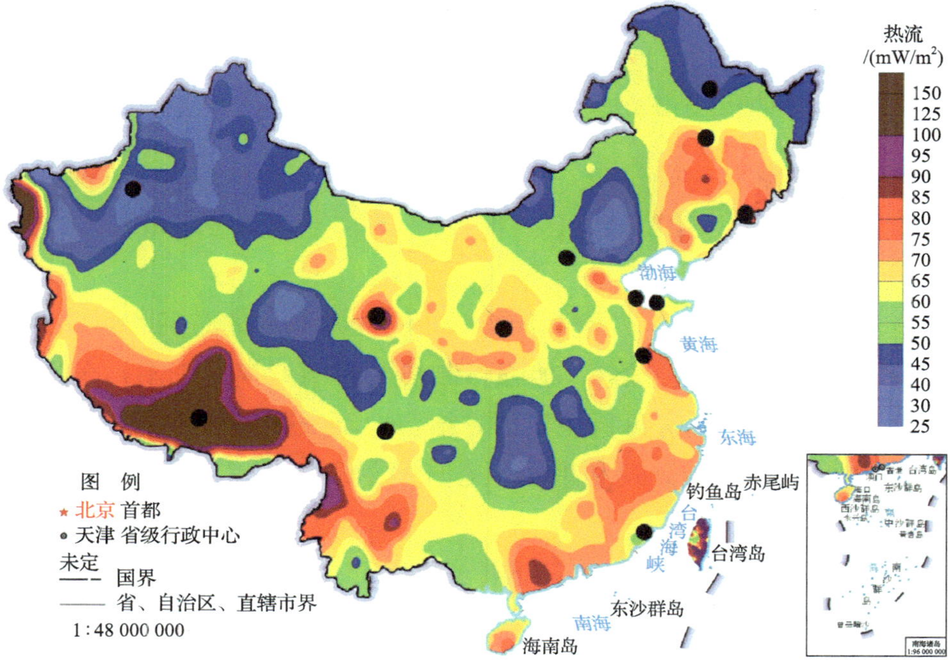

图 3-30 我国大地热流分布图

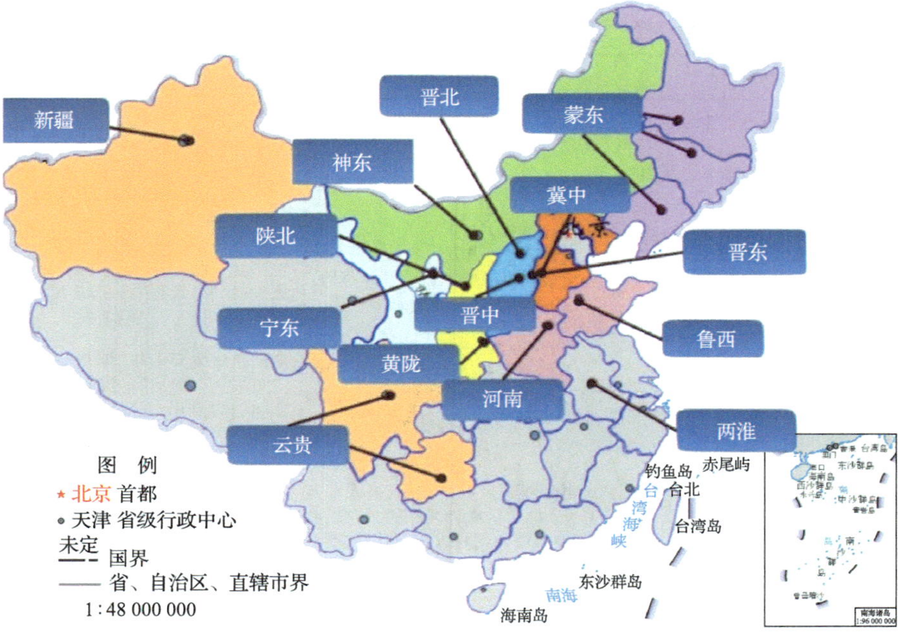

图 3-31 我国十四大矿区分布示意图

陕西、山西、安徽、河南、河北、内蒙古东北部等地区，地热资源较为丰富，且大型矿井较多，故本书建议将它们作为废弃矿井地热资源开发利用的“重点开发区”。

云南、贵州、东北等地区虽然地热资源丰富，但大型矿井相对偏少，因此本书建议将它们作为废弃矿井地热资源开发利用的“潜在开发区”。

二、开发利用战略

(一)总体原则

以十九大精神为指引，紧紧围绕“五位一体”总体布局和创新、协调、绿色、开放、共享的发展理念，加强体制机制和商业模式创新，充分利用废弃矿井太阳能、地热能等可再生能源，结合地下空间储能技术发展，统筹建设废弃矿井可再生能源开发利用及生态环境治理工程，助力废弃矿井转型发展，促进能源结构优化。

(二)战略目标

结合以上分析，提出 2020 年、2035 年及 2050 年我国废弃矿井可再生能源开发利用战略目标见表 3-7。

表 3-7 废弃矿井可再生能源开发利用战略目标

项目	2020 年	2035 年	2050 年
总体	废弃矿井可再生能源逐步得到综合利用，适宜利用的可再生能源资源利用率达到 20%	废弃矿井可再生能源基本得到综合利用，适宜利用的可再生能源资源利用率达到 30%	废弃矿井可再生能源全面综合利用，适宜利用的可再生能源资源利用率达到 50%
“光伏+”项目	“重点开发区”稳步推进“光伏+”项目。完成 2 万 MW 光伏示范工程	大力推进废弃矿井“光伏+”工程建设，“重点开发区”具有开发利用价值的资源基本得到开发利用。完成 4 万 MW 光伏示范工程	全面推进废弃矿井“光伏+”工程建设，“重点开发区”具有开发利用价值的资源全面得到开发利用，“潜在开发区”可再生能源逐步得到有效利用。完成 6 万 MW 光伏示范工程
“地热+”项目	“重点开发区”稳步推进“地热+”项目	大力推进废弃矿井“地热+”工程建设，“重点开发区”具有开发利用价值的资源基本得到开发利用	全面推进废弃矿井“地热+”工程建设，“重点开发区”具有开发利用价值的资源全面得到开发利用，“潜在开发区”可再生能源逐步得到有效利用
多能互补项目	在京津冀、山东、辽宁等大型废弃矿井相对较多、条件适宜且电力系统蓄能需求较大的地区，研究建设示范工程	可再生能源为主、分布式电源多元互补、抽水蓄能为缓冲的废弃矿井新能源微电网技术体系逐步建立	可再生能源为主、分布式电源多元互补、抽水(压缩空气)蓄能为缓冲的废弃矿井新能源微电网技术体系趋于成熟

2020 年，废弃矿井可再生能源逐步得到综合利用，适宜利用的可再生能

源资源利用率达到20%。根据可再生能源赋存特点，在“重点开发区”因地制宜，稳步推进“光伏+”和“地热+”项目建设；在京津冀、山东、辽宁等大型废弃矿井相对较多、条件适宜且电力系统蓄能需求较大的地区，研究建设废弃矿井可再生能源+抽水蓄能示范工程。

2035年，废弃矿井可再生能源基本得到综合利用，适宜利用的可再生能源资源利用率达到30%。大力推进废弃矿井“光伏+”“地热+”工程建设，“重点开发区”具有开发利用价值的资源基本得到开发利用；在废弃矿井可再生能源+抽水蓄能示范工程的基础上，将示范工程在东北、华北等条件适宜地区进行推广；可再生能源为主、分布式电源多元互补、抽水蓄能为缓冲的废弃矿井新能源微电网技术体系逐步建立。

2050年，废弃矿井可再生能源得到全面综合利用，适宜利用的可再生能源资源利用率达到50%。全面推进废弃矿井“光伏+”“地热+”工程建设，“重点开发区”具有开发利用价值的资源全面得到开发利用，“潜在开发区”可再生能源逐步得到有效利用；可再生能源为主、分布式电源多元互补、抽水(压缩空气)蓄能为缓冲的废弃矿井新能源微电网技术体系趋于成熟。

第四节　废弃矿井可再生能源开发利用科技创新

(一)基础研究

1. 太阳能利用方面

开展采煤沉陷区光伏电站高渗透率并网技术研究。大比例光伏电源并网会给配电系统带来扰动，从而造成供电电压不稳定、谐波污染、三相电压不平衡及无功功率不平衡等电能质量方面的问题。孤岛效应也会对电能质量造成较大的影响。光伏发电的大规模渗透增加了电能质量治理装置的控制难度，传统的电能质量治理点不再适用，控制方式也需要改进。要研究光伏发电和电能质量治理装置的交互影响，在高渗透率光伏并网的条件下，需要配备电能质量控制装置，降低光伏并网对配电网造成的冲击。

2. 地热资源利用方面

1)水文地质参数的研究

水文地质参数的研究包括对地下地层的渗透系数的准确测量、对地层孔隙度的测定、对矿井边界补给条件的给定。除此之外，还应对岩层构造的岩性成分、组成构造进行研究，这对后期了解掌握开采、回灌的可持续性，颗粒沉积堵塞的动态变化，回灌能力的衰减速度等非常重要。

2）热物性参数的研究

浅层矿井（一般小于200m埋深）的地热利用主要是结合热泵设备，其既可作为热泵热源（蒸发器），也可作为热泵冷源（冷凝器），地下有庞大蓄水、蓄热能力的废弃矿井，要结合矿井的具体地形地势条件，实现冬夏跨季供热空调热源（冷源）使用是非常有实际应用价值的。其中，包括对地层结构的热物性参数的测量，也包括地层结构的导热系数、密度、比热容等参数。其对了解与掌握地热利用过程中、热干扰情况下的温度动态响应，节约能源，提高热泵的COP参数有重要的理论指导意义。

3）可能污染物扩散规律的研究

任何一个与地下岩层相互作用多年的地下流体可能会包含有放射性元素、强腐蚀化学成分、可燃气体，以及其他有毒化学成分等多种对人类生存环境有害的物质，因此，开发利用之前，应对废弃煤矿的水文化学进行详细的研究，以确定是否采用封闭式再利用、开放式再利用的合理方案，以及确定与地下流体接触设备的材料等。

（二）工程科技

1. 太阳能

1）基于采煤沉陷区条件下的光伏系统及控制/逆变器适用技术

光伏发电并网运行时，考虑到光伏微源有一定的无功储备，通过控制可以进行无功补偿。但由于其逆变电路和控制电路的钳制作用，当电网发生扰动时，光伏电源不能提供瞬间的电压支撑。配置电网静止无功补偿器，能快速连续地进行无功调节，但其成本高，难以做到大容量运用。另外一种电网静止无功补偿器与光伏发电的联合控制系统，由光伏微源提供大容量分级的无功调节，电网静止无功补偿器进行小容量连续的无功调节，从而使得光伏微源承担更多的责任，并进一步提高供电质量。今后要研究基于采煤沉陷区条件下的光伏系统及控制/逆变器适用技术，以进一步提高光伏系统发电、供电品质。

2）采煤沉陷区光伏电站项目地基稳定性工程技术

A. 废弃矿井地表沉陷评估

在废弃矿井沉陷区建设光伏电站是沉陷土地利用的一种模式，为确保废弃矿井沉陷区建设光伏项目的安全、稳定，必须对沉陷区地表进行处理，对地基稳定性进行评估。对拟建光伏电站场地地表沉陷状况、地表（残余）移动与变形程度和范围，以及建筑物荷载影响下采空区地基稳定性等进行计算与分析，结合相关规程与规范，给出评估区内兴建建筑物的适宜性，并提出光伏场区内兴建建筑应采取的原则性技术措施和建设建议。其评估结果要明确在采取相应技术措施后，沉陷区上建设光伏电站的可行性。

B. 建筑工程应对沉陷技术措施

光伏建设用地上的新建建筑可能会受到采空区的残余影响，可能会对拟建建筑产生一定不利影响，因此新建建筑要采取能够抵抗地表（残余）沉陷变形的抗变形结构技术措施，才能确保其安全稳定使用。抗变形结构技术措施包括吸收地表沉陷变形的柔性措施和抵抗地表沉陷变形的刚性措施、刚柔相结合措施。例如，对变形缝、基础或采空区处理与加固等，使抗变形结构建（构）筑物能够经受各种采空区沉陷变形的作用而不被破坏。

2. 地热能

1）废弃矿井水源冷热能热泵设计及优化技术

矿井水的温度季节性变化小，冬季高于环境空气温度，夏季低于环境空气温度，而且水的换热系数远高于空气的换热系数，相较于空气源热泵，利用矿井水作为冷热源的水源热泵能效比高，但矿井水源热泵作为大型功能系统，其设计与优化及运行管理还有待研究，尤其是同时提供冷热能的热泵系统还存在负荷匹配与调度问题。

2）管道腐蚀防控技术

矿井中地下水水质较差，许多矿区的矿坑水，特别是老窖水，水质极差，总硬度 30～76 度，矿化度 1～9g/L，属于高矿化度矿井水，水中可能会含有较多的金属硫化物、高硫酸盐、高氟、高铁锰、砷，会产生更加严重的管道腐蚀问题，未来应重点针对这一问题进行研究，缓解管道腐蚀问题，还应重点研究对地热水处理的方法等。

3）高效换热技术

在矿井深度超过 200m 以上的情况下，受自然温度梯度的影响，深层矿井(包括废弃油井)只能以热输出为目的，不宜作为冷源使用。因此，如何快速高效地实现深层地下的换热取热技术，将是决定能否普及应用的关键。无论是地热发电还是区域供热，其关键环节是掌握矿井地层结构的传热传质机理。

4）废弃矿井中低温地热发电技术

以示范工程为基础，形成中低温地热发电的高效、集成化配套技术体系，做到低成本、商业化运行，应重点研究双循环发电工艺技术与设计标准，机组动力部件、模块化机组和性能检测技术，地热资源发电并网技术。

5）废弃矿井地热尾水回灌技术

废弃矿井地质条件不能保证总是稳定的，地热水抽采后，可能会产生地质灾害隐患，并使地热资源枯竭，应针对目前废弃矿井地热水开采项目，研究地热水回灌环节的工程技术，保证工程的可行性。

6）废弃矿井地热能利用地下污染监测与评价技术

其主要研究废弃矿井地热能利用时，破裂地埋管防冻液的泄漏污染、废弃矿井重金属地下水污染的监测、数值模拟、评价技术等。

3. 多能互补

1）废弃矿井可再生能源利用及与抽水蓄能技术的一体化技术研究

光伏发电优势明显，但间歇性特质给分布式局域网带来的问题是严重的。抽水蓄能电站启停迅速，运行调节灵活，在具备条件的废弃矿井，匹配分布式光伏电网，建设适当规模的抽水蓄能电站，可以充分发挥抽水蓄能电站与光伏发电运行的互补性，减少可再生能源大规模随机并网对系统的冲击。建立以抽水蓄能为纽带的废弃矿井光伏、地热并网发电的多能互补系统，可有效提高供电的稳定性和减少对电网造成的扰动。

2）废弃矿井太阳能光伏发电与地热应用技术研究

地热应用不受气候、季节、昼夜等因素的干扰，其利用率高，在节能减排、环保净化等方面具有独特优势。但地热利用过程中离不开电力，废弃矿井太阳能光伏发电与地热的多能互补技术的应用，可以减少地热利用过程对常规电力的依赖，提高可再生能源的利用率，最大限度地发挥太阳能与地热的优势，拓展应用渠道。

（三）机制创新

1. 建立废弃矿井可再生能源开发利用国家级信息数据库

对废弃矿井数量、位置、封存状态、地质条件、资源赋存、周边经济及社会发展状况等基本信息进行系统调研，获取废弃矿井资源的详细数据，加强科学评估，尽快建立废弃矿井 GIS 信息数据库，实现动态信息跟踪管理，并适时提出废弃矿井利用优先级清单，为国家决策提供支撑，为废弃矿井可再生资源开发提供科学依据。

2. 统筹解决废弃矿井土地等问题

对于适宜建设废弃矿井可再生能源开发利用项目的地区，建议由当地政府牵头，摸清废弃矿井周边土地、建筑设施等的性质及权属等相关问题，统一规划工程项目，统一规范用地政策，解决废弃矿井可再生能源开发利用中遇到的土地等问题。

3. 建设废弃矿井可再生能源开发利用国家示范工程

针对重点开发的大型国有退役矿井，由所有单位联合科研机构、能源企业及电网公司建设废弃矿井可再生能源开发利用国家示范工程；将国家示范工程争取列入国家科技计划，开展协同攻关，破解科技难题，积累工程经验和培养技术人才；以示范工程为基础，促进废弃矿井可再生能源开发利用装备、设计、施工及运行技术的发展，并制定行业标准及规范。

4. 探索新型投资机制和商业模式

各类可再生能源的利用技术及项目开发都离不开政府在政策和资金上的大力支持。目前，各国尤其是欧美等发达国家都发布了不同形式的财税优惠政策和新能源补贴政策，如德国将废弃矿井煤层气资源作为可再生能源，政府加大财政补贴，除了政策补贴外，私人资本的参与和市场化的运营模式也必不可少。而利用废弃矿井资源开发利用可再生资源，还可以促进矿业的转型升级，实现矿业的可持续发展，因而受到格外的重视。我国今后应积极探索废弃矿井可再生能源开发利用项目建设、运营等的新型投资机制及商业模式，为废弃矿井可再生能源开发利用项目提供广泛的资金支持和灵活的政策保障。

第四章

废弃矿井煤及可再生能源开发利用政策建议

第一节　煤炭地下气化战略建议

我国废弃矿井煤炭资源地下气化虽然完成了一些现场工业性试验，但生产规模小，生产时间短，未能实现规模化、长期连续稳定的产业化生产，因此要加强重大科技问题的研究，同时需要国家和地方政府对该技术产业化给予一定的扶持，因此建议如下。

一、法律法规

(1) 制定相关法规，建立矿井废弃的合理退出机制，即在矿井废弃前必须做好煤炭资源地下气化回收的工程准备。

(2) 制定相关法规，矿井废弃时，必须上报废弃煤炭资源分布情况、开采状况、水文地质条件等，并保留完整的文字资料。建立我国废弃矿井煤炭资源存量与增量数据库，为我国废弃矿井煤炭资源地下气化开发做好准备。

(3) 制定相关法规，明确已关闭或即将关闭的废弃矿井重新启用的条件、审批程序，使废弃矿井重新启用有法可依。

二、产业政策

(1) 成立国家级的废弃矿井地下煤气化行动小组，统筹国内废弃矿井退出及地下煤气化技术的应用，制定发展策略和发展规划，为国家提供政策建议，制定中长期废弃矿井煤炭地下气化技术开发及产业化计划。

(2) 对我国废弃矿井适用于煤炭地下气化的资源进行全面评估，通过对资源进行整合，规划几处典型的适用于煤炭地下气化的资源，采用政府投资与企业投资的合作模式，建设煤炭地下气化多联产产业示范区。

(3) 推动煤炭地下气化产业成为国家新兴战略产业，参考煤层气产业，对利用地下煤气化技术进行发电的企业进行补贴，扶持产业发展。

三、财税政策

制定相关财税政策，对进行废弃矿井煤炭地下气化技术研究与应用的企业给予煤炭资源、资金、项目审批、税收等方面的支持，使其享受新能源相关政策。

四、科技政策

在国家重点研发计划中设立专项基金，成立国家级煤炭地下气化实验中心和工程研究中心，产、学、研相结合，进行产业化关键技术的研发与攻关，快速取得技术突破。选择不同地区、不同地质条件、不同煤种、不同煤层厚度开展试验和生产，形成具有我国自主知识产权的废弃矿井煤炭地下气化技术。

第二节　可再生能源利用战略建议

一、完善矿井闭井标准和生产许可

为促进我国废弃矿井可再生能源开发利用，国家应完善煤矿退出或关闭时的闭井标准，在闭井标准中充分考虑矿井废弃后资源的综合利用。对于已关闭的废弃矿井，若其具有再开发利用的经济价值，在保障安全生产和保护生态环境的条件下，制定废弃矿井再打开的标准。采矿权终止后，应明确废弃矿井井下资源再开发利用的许可。

二、建立废弃矿井数据库和信息共享平台

由行业协会组织，建立废弃矿井数据库和信息共享平台。矿山企业在矿井采矿终止前(如提前 3 年)，向行业协会报送矿井基本信息和地下地上各类资源信息，行业协会统计分析录入数据库，经矿山企业同意向市场发布，这样有利于政府部门掌握情况，也有利于招商引资共同开发。如果拟废弃矿井确有开发价值，矿山企业可据此向相关管理部门申请保留矿井，进行资源开发利用。

三、支持废弃矿井企业优先开发利用地上地下资源

产业政策应支持废弃矿井地下地上资源开发利用，优先支持废弃矿井企业开发利用，这样有利于资源枯竭矿区、关闭矿山转型发展和矿工再就业。地方政府应在土地利用、电网接入、示范项目申报等方面给予优先支持。

四、开展废弃矿井资源普查工作

目前存在大量已关闭的废弃矿井，但对它们的基本情况，特别是具有再开发利用价值的一批大中型矿井了解不够。本书建议，由行业主管部门组织开展一次废弃矿井和拟关闭矿井普查，全面掌握其情况，这样对资源开发利用规划、投资开发建设具有重大意义。

参 考 文 献

岑可法, 郑楚光, 骆仲泱, 等. 2014. 先进清洁煤燃烧与气化技术[M]. 北京: 科学出版社.

贺永德. 2010. 现代煤化工技术手册(第二版)[M]. 北京: 化学工业出版社.

黄温钢. 2014. 残留煤地下气化综合评价与稳定生产技术研究[D]. 徐州: 中国矿业大学.

荆恬. 2019. 王斜煤矿地下气化污染物转化和迁移规律的研究[D]. 北京: 中国矿业大学.

梁杰. 2002. 煤炭地下气化过程稳定性及控制技术[M]. 徐州: 中国矿业大学出版社.

梁杰. 2017. 煤炭地下气化技术进展[J]. 煤炭工程, 49(8): 1-4.

梁杰, 余力. 2002. “长通道、大断面”煤炭地下气化新工艺[J]. 中国煤炭, 28(12): 8-10.

梁杰, 王张卿. 2017. 煤炭地下气化基础——基于三区分布的煤炭地下气化物料及能量平衡模型[M].北京: 科学出版社.

梁杰, 崔勇, 王张卿, 等. 2013. 煤炭地下气化炉型及工艺[J]. 煤炭科学技术, 41(5): 10-15.

梁杰, 郎庆田, 余力, 等. 2003. 缓倾斜薄煤层地下气化试验研究[J]. 煤炭学报, 28(2): 126-130.

梁杰, 梁栋宇, 梁鲲, 等. 2018a. 一种高效煤炭地下气化炉及其构建方法: 中国, ZL2016 10682180. 5[P].

梁杰, 梁鲲, 史龙玺, 等. 2018b. 一种注气点移动控制装置及其控制方法: 中国, ZL2016 10683515. 5[P].

梁杰, 梁鲲, 王张聊, 等. 2017. 一种地下燃料气化方法: 中国, ZL201510376248. 2[P].

梁杰, 梁鲲, 徐斌, 等. 2016. 化石能源低炭循环开采技术及新疆示范工程[J]. 工程研究-跨学科视野中的工程, 8(4): 358-364.

梁杰, 刘淑琴, 余力, 等. 2000. 刘庄煤反应动力学特征的研究[J]. 中国矿业大学学报, 29(4): 400-402.

梁杰, 席建奋, 孙加亮, 等. 2007. 鄂庄薄煤层富氧地下气化模型试验[J]. 煤炭学报, 32(10): 1031-1035.

梁杰, 徐传州, 李文军. 2009. 分离控制注气点煤炭地下气化炉及其工艺方法: 中国, ZL200510134205. X[P].

梁杰, 张彦春, 魏传玉, 等. 2006. 昔阳无烟煤地下气化模型试验研究[J]. 中国矿业大学学报, 35(1): 25-28.

梁杰, 赵丽梅, 梁栋宇, 等. 2015. 一种化石能源低碳共采的方法和系统: 中国, ZL201310433758. X[P].

刘淑琴. 2009. 煤炭地下气化过程有害微量元素转化富集规律[M]. 北京: 煤炭工业出版社.

刘淑琴. 2014. 污染物产生、迁移规律及控制、防治技术研究报告[R]. 北京: 国家“863 计划”课题.

倪维斗, 李政. 2011. 基于煤气化的多联产能源系统[M]. 北京: 清华大学出版社.

钱佰章. 2008. 节能减排——可持续发展的必由之路[M]. 北京: 科学出版社.

陕西省煤田地质集团有限公司. 2017. “渭北老矿区”煤炭去产能后资源利用与转型发展研究[R].

田山岗, 尚冠雄, 刘崇礼. 2013. 中国煤炭资源有效供给概论[M]. 北京: 地质出版社.

外尾善次郎. 1985. 世界煤炭地下气化技术的发展现状[J]. 方敦林译. 矿业译丛, (3): 1-11.

王雨. 2019. 矿井式煤炭地下气化地质评价模型[D]. 北京: 中国矿业大学.

王张卿, 梁杰, 梁鲲, 等. 2015. 鄂庄烟煤地下气化反应区分布与工艺参数的关联特性[J]. 煤炭学报, 40(7): 1677-1683.

席建奋, 梁杰, 王张卿, 等. 2015. 煤炭地下气化温度场动态扩展对顶板热应力场及稳定性的影响[J]. 煤炭学报, 40(8): 1949-1955.

余力. 1990. 煤炭地下气化的过去余与未来[J]. 矿业译丛, (4): 1-10.

Cena R J, Britten J A. 1988. Resource Recovery and Cavity Growth during the Rocky Mountain I UCG Field Test[C]. London: Proc. 14th Underground Coal Gasification Symp.

Dufaux A. 1990. Modelling of the UCG process at Thulin on the basis of thermodynamic equilibria and isotopic measurements[J]. Fuel, 69(5): 624-632.

Perkins G. 2018. Underground coal gasification-part I: Field demonstrations and processperformance[J]. Progress in Energy and Combustion Science, 67: 158-187.

Thorsness C B, Britten J A. 1984. Analysis of Material and Energy Balances for the Rocky Mountain I UCG Field Test[R]. Lawerence: Livermore National Laboratory Rept, U.S. DOE, W-7405-Eng-48.

Wang Z Q, Liang J, Shi L X, et al. 2017. Expansion of three reaction zones during undergrong coal gasification with free and percolation channels[J]. Fuel, 190: 435-443.

Xi J F, Liang J, Sheng X C, et al. 2016. Characteristics of pyrolysis of lump lignite the influence on swell of lignite in the context of underground coal gasification[J]. Journal of Analytical and Applied Pyrolysis, 117: 228-235.